essentials

Essentials liefern aktuelles Wissen in konzentrierter Form. Die Essenz dessen, worauf es als „State-of-the-Art“ in der gegenwärtigen Fachdiskussion oder in der Praxis ankommt. *Essentials* informieren schnell, unkompliziert und verständlich

- als Einführung in ein aktuelles Thema aus Ihrem Fachgebiet
- als Einstieg in ein für Sie noch unbekanntes Themenfeld
- als Einblick, um zum Thema mitreden zu können

Die Bücher in elektronischer und gedruckter Form bringen das Fachwissen von Springerautor*innen kompakt zur Darstellung. Sie sind besonders für die Nutzung als eBook auf Tablet-PCs, eBook-Readern und Smartphones geeignet. *Essentials* sind Wissensbausteine aus den Wirtschafts-, Sozial- und Geisteswissenschaften, aus Technik und Naturwissenschaften sowie aus Medizin, Psychologie und Gesundheitsberufen. Von renommierten Autor*innen aller Springer-Verlagsmarken.

Jörg Forthmann

Agentic Predictive Intelligence

Wie KI-Agenten mit Zunftsprognosen bessere Entscheidungen treffen

Jörg Forthmann
PEr Intelligence GmbH
Hamburg, Deutschland

ISSN 2197-6708 ISSN 2197-6716 (electronic)
essentials
ISBN 978-3-658-51538-6 ISBN 978-3-658-51539-3 (eBook)
https://doi.org/10.1007/978-3-658-51539-3

Die Deutsche Nationalbibliothek verzeichnet diese Publikation in der Deutschen Nationalbibliografie; detaillierte bibliografische Daten sind im Internet über https://portal.dnb.de abrufbar.

Planung/Lektorat: Maximilian David
Springer Gabler ist ein Imprint der eingetragenen Gesellschaft Springer Fachmedien Wiesbaden GmbH und ist ein Teil von Springer Nature.
Die Anschrift der Gesellschaft ist: Abraham-Lincoln-Str. 46, 65189 Wiesbaden, Germany

Was Sie in diesem *essential* finden können

- **Grundlagen der Predictive Intelligence** (datenbasierte Vorhersage-Methoden und Analytik)
- **Grundlagen der Agentic AI** (autonome KI-Agenten und ihre Funktionsprinzipien)
- **Die Synthese zu Agentic Predictive Intelligence** (Konzept, Potenziale und wechselseitige Verstärkung der beiden Ansätze)
- **Anwendungsbeispiele in Einkauf, Controlling, Risikomanagement, Vertrieb, Kundenservice, Marketing & Kommunikation sowie bei selbstoptimierenden Kampagnen** (Exkurse zu praxisnahen Einsatzszenarien)
- **Zentrale Erkenntnisse und Empfehlungen** (Chancen, Herausforderungen und Best Practices für die Umsetzung)

Vorwort

Die vorliegende Abhandlung soll Entscheidungsträgern einen Einblick in Agentic Predictive Intelligence vermitteln – eine Technologie, die Unternehmen neue, faszinierende Möglichkeiten eröffnet. Allerdings entfalten diese KI-Systeme ihr Potenzial nur unter bestimmten Bedingungen. Bevor Sie in diese Thematik eintauchen, lohnt sich ein kurzer Realitätscheck im Sinne einer Checkliste:

- **Datenverfügbarkeit:** Sind ausreichend qualitativ hochwertige historische Daten vorhanden, um verlässliche Prognosemodelle zu entwickeln?
- **Zieldefinition:** Wurden die geschäftlichen Ziele klar formuliert, die mithilfe von KI-Vorhersagen und autonomen Agenten erreicht werden sollen?
- **Menschliche Kontrolle:** Ist festgelegt, wann und wie menschliche Experten in Entscheidungen der KI eingebunden werden (Human-in-the-Loop), um Ethik und Qualität sicherzustellen?
- **Technische Infrastruktur:** Verfügen wir über die nötige IT-Infrastruktur (Rechenleistung, Tools, Sicherheitsmaßnahmen), um prädiktive Modelle zu trainieren und KI-Agenten auszuführen?
- **Organisatorische Akzeptanz:** Sind Mitarbeitende und Führungskräfte bereit, Arbeitsabläufe an KI-gestützte Empfehlungen und autonome Entscheidungen anzupassen?

Diese Punkte verdeutlichen, dass die Einführung von Agentic Predictive Intelligence nicht isoliert betrachtet werden kann, sondern Unternehmen ganzheitlich fordert. Mit diesem Bewusstsein im Hinterkopf wünschen wir eine aufschlussreiche Lektüre.

Hamburg, Deutschland | Jörg Forthmann

Inhaltsverzeichnis

Über den Autor

Jörg Forthmann startete seine Karriere mit einer fundierten journalistischen Ausbildung. Erste berufliche Stationen führten ihn als freier Journalist zum Hamburger Abendblatt und als PR-Berater nach Hamburg. Anschließend wechselte er in die Presse und Öffentlichkeitsarbeit der Nestlé Deutschland AG, wo er als Assistent des Pressesprechers insbesondere für Unternehmens-, Marken- und Krisenkommunikation verantwortlich war. Von 1999 bis 2002 leitete Forthmann die Unternehmenskommunikation der Mummert Consulting AG. Danach wurde er geschäftsführender Gesellschafter der Faktenkontor GmbH, wo er seine Expertise in strategischer Kommunikation weiter ausbaute. Heute ist er Geschäftsführer des Instituts für Management- und Wirtschaftsforschung (IMWF). In dieser Funktion treibt er die Entwicklung von BigData- und KI-gestützten Analyseverfahren voran und gestaltet neue Geschäftsmodelle, die auf diesen innovativen Technologien basieren.

1 Einleitung

Künstliche Intelligenz (KI) hat in den letzten Jahren enorme Fortschritte gemacht. Gegenwärtig stehen wir an der Schwelle zur agentischen KI, in der KI-Systeme autonom handeln und Entscheidungen umsetzen. Diese Entwicklung hin zu sogenannten AI-Agenten wird als nächster Technologiesprung gesehen und soll Unternehmen eine neue Form der Automatisierung ermöglichen (Joseph 2025; Salesforce 2025). Agentische KI-Systeme – auch autonome KI-Agenten genannt – versprechen eine beispiellose Steigerung der Produktivität, indem sie komplexe Aufgaben selbstständig ausführen. Beispielsweise prognostiziert McKinsey, dass der effektive Einsatz solcher Agenten ganze Workflows neu gestalten und deutlich effizienter machen kann. Zugleich bezeichnet das Fraunhofer IESE 2025 bereits als „Jahr der KI-Agenten", da viele Branchen die Möglichkeiten dieser Technologie ausloten (Siebert 2025). Der übernächste Schritt in der KI-Entwicklung ist die Predictive Intelligence – der vorausschauenden Datenanalyse, die in konkrete Handlungsempfehlungen mündet. Wer Agentic AI und Predictive Intelligence miteinander verbindet, erhält ein mächtiges Werkzeug, um das volle Potenzial der KI im Unternehmen zu heben.

In diesem Essential wird der Bogen gespannt von den Grundlagen der Predictive Intelligence (Kap. 2) über die Prinzipien der Agentic AI (Kap. 3) hin zur Synthese beider Ansätze in Agentic Predictive Intelligence (Kap. 4). Kap. 5 und 6 widmen sich in einem Exkurs speziell den Anwendungen in Einkauf und Controlling. Dem folgen ausführlichere Anwendungsbeispiele in Risikomanagement, Vertrieb und Kundenservice (Kap. 7, 8 und 9). Marketing und Kommunikation ist ein Bereich, der von personalisierten Vorhersagen und autonomen Kampagnen-Agenten besonders profitieren kann (Kap. 10). Dieser Bereich bildet das ideale Sprungbrett

J. Forthmann, *Agentic Predictive Intelligence*, essentials,
https://doi.org/10.1007/978-3-658-51539-3_1

für das Eintauchen in selbstoptimierende Kampagnen in Kap. 11. Abschließend fasst Kap. 12 die wichtigsten Erkenntnisse zusammen und gibt einen Ausblick.

Unter Predictive Intelligence versteht man die Fähigkeit, aus Daten Vorhersagen über zukünftige Ereignisse oder Entwicklungen abzuleiten und Handlungsempfehlungen zu geben. Agentic AI hingegen meint KI-Systeme mit eigenständiger Handlungsfähigkeit, die mit minimaler menschlicher Anleitung Ziele verfolgen können. Die Kombination – Agentic Predictive Intelligence – könnte es ermöglichen, dass KI-Systeme nicht nur vorausschauend „denken", sondern die prognostizierten Maßnahmen auch direkt autonom in die Tat umsetzen. Unternehmensentscheider erhalten dadurch potenziell Echtzeit-Entscheidungsfindung: Statt auf menschliche Analysen zu warten, könnten agentische KI-Systeme selbstständig auf Basis von Prognosedaten handeln. Dieses Konzept verspricht proaktive Geschäftssteuerung, birgt aber auch Herausforderungen – etwa hinsichtlich Datenqualität, Integration in Prozesse und Kontrollmechanismen.

Predictive Intelligence 2

2.1 Definition und Abgrenzung

Definition: Predictive Intelligence – Der Begriff Predictive Intelligence umfasst Methoden, die aus vorhandenen Datenmustern Vorhersagen über zukünftige Ereignisse treffen und Handlungsempfehlungen ableiten. Dabei kommen statistische Modelle und Machine-Learning-Algorithmen zum Einsatz, um Trends und Zusammenhänge in historischen Daten zu erkennen und wahrscheinliche zukünftige Ergebnisse zu prognostizieren. Einfach formuliert beantwortet prädiktive Analytik die Frage: „Was wird wahrscheinlich passieren und was sollten wir tun?" (Atsmon 2023). Predictive Intelligence ist damit in der Lage, die voraussichtlich optimale Handlungsempfehlung für die Zukunft zu geben. Typische Einsatzfelder sind zum Beispiel die Vorhersage von Kundenverhalten, Markttrends oder Maschinenzuständen.

2.2 Funktionsweise und Methoden

Die Funktionsweise prädiktiver KI basiert auf der Verarbeitung großer Datenmengen, um verborgene Muster zu identifizieren. Zunächst werden historische Datensätze (etwa Verkaufszahlen, Kundeninteraktionen, Sensordaten) aufbereitet und mit bekannten Ergebnissen verknüpft (zum Beispiel ob ein Kunde abgesprungen ist oder welche Maschine ausgefallen ist). Anschließend trainieren Algorithmen des überwachten Lernens Modelle darauf, diese Zusammenhänge zu erlernen – zum Beispiel mittels Regressionsanalysen, Entscheidungsbäumen, neuro-

J. Forthmann, *Agentic Predictive Intelligence*, essentials,
https://doi.org/10.1007/978-3-658-51539-3_2

nalen Netzen oder Ensemble-Verfahren. Das trainierte Modell kann dann auf neue, zukünftige Eingangsdaten angewendet werden, um eine Vorhersage zu generieren (etwa: „Kunde X hat 80 % Wahrscheinlichkeit abzuwandern“). Moderne Ansätze nutzen Machine Learning und Deep Learning, um auch komplexe, nicht-lineare Muster zu erkennen (Witherspoon 2021). Wichtig ist, dass solche Modelle regelmäßig mit aktuellen Daten nachtrainiert werden, damit ihre Prognosekraft erhalten bleibt. Zudem kommen zeitreihenbasierte Verfahren zum Einsatz, wenn es um Prognosen in chronologischen Abläufen geht (z. B. Umsatzprognosen pro Monat). Die Genauigkeit der Vorhersagen hängt maßgeblich von der Qualität und Relevanz der Eingangsdaten sowie der richtigen Modellauswahl ab.

Um die Black-Box-Natur mancher ML-Modelle zu reduzieren, werden vermehrt Explainable-AI-Techniken eingesetzt, die Aufschluss über Einflussfaktoren einer Prediction geben. So kann ein Modell erklären, welche Kundeneigenschaften hauptsächlich zu einer hohen Abwanderungswahrscheinlichkeit beitragen. Dieses Verständnis ist für Entscheider wichtig, um Vertrauen in die Vorhersagen zu entwickeln und entsprechende Maßnahmen abzuleiten. Insgesamt folgt Predictive Intelligence einem iterativen Prozess: Daten sammeln → Modell entwickeln → Prognose erzeugen → Ergebnisse validieren → Modell anpassen. In Unternehmen wird dieser Prozess häufig über Pipelines automatisiert, sodass neue Daten kontinuierlich in aktuelle Prognosen einfließen.

Datenbedarf und Voraussetzungen Eine wesentliche Voraussetzung für zuverlässige prädiktive Analysen ist die Datenqualität. Unternehmen sammeln zwar riesige Datenmengen, doch nur bereinigte, konsolidierte und relevante Daten führen zu nützlichen Prognosen. Typischerweise werden historische Daten zu Kunden, Verkäufen, Prozessen etc. benötigt, ergänzt um externe Daten (zum Beispiel Wetter, Wirtschaftsdaten, Trends), um kontextbezogene Prognosen zu ermöglichen. Je nach Anwendungsfall können die Daten strukturiert (Zahlen, Kategorien) oder unstrukturiert (Texte, Bilder) sein – letztere erfordern aufwendigere Vorverarbeitung und spezielle Modelle (etwa NLP für Texte). Feature Engineering, also die Aufbereitung und Auswahl aussagekräftiger Variablen, ist ein kritischer Schritt: Domänenwissen fließt hier ein, um aus Rohdaten informative Merkmale abzuleiten. Beispielsweise lässt sich aus Transaktionsdaten die Kauffrequenz eines Kunden als Feature berechnen, das für Churn-Prognosen relevant ist.

Neben der Datenmenge spielt die Aktualität eine Rolle: Predictive-Modelle sollten auf möglichst aktuellen Daten basieren, da sich Muster (zum Beispiel Kundenpräferenzen) im Zeitverlauf ändern können. In der Praxis wird häufig eine Data-Warehouse- oder Data-Lake-Infrastruktur benötigt, um Daten zentral verfügbar zu machen. Auch rechtliche Aspekte wie Datenschutz (DSGVO) müssen berücksichtigt werden, insbesondere bei personenbezogenen Daten – Unternehmen müssen vor dem KI-Einsatz klären, ob sie die nötigen Daten überhaupt erheben und nutzen dürfen. Abschließend ist die Recheninfrastruktur wichtig: Das Training komplexer Modelle (etwa Deep-Learning-Modelle mit Millionen Parametern) erfordert erhebliche Rechenleistung (GPUs, verteiltes Rechnen) – hier kann Cloud Computing Abhilfe schaffen, sofern Datensicherheit gewährleistet ist. Kurzum: Ohne ein Big-Data-Fundament und entsprechende Governance bleibt Predictive Intelligence wirkungslos.

Typische Resultate und Nutzen Predictive Intelligence liefert typischerweise Wahrscheinlichkeiten, Risikowerte oder Vorhersagewerte, die als Entscheidungsgrundlage dienen. Einige Beispiele für Resultate sind:

- **Kunden-Abwanderungsprognose:** Ein Modell schätzt, mit welcher Wahrscheinlichkeit ein Kunde in den nächsten 3 Monaten kündigen wird. Das Unternehmen kann früh gegensteuern, zum Beispiel durch personalisierte Angebote, die die Predictive Intelligence empfiehlt (Atsmon 2023).
- **Absatz- und Bedarfsprognosen:** Vorhersagen zukünftiger Verkaufszahlen oder Lagerbestände, um Produktion und Supply Chain optimal auszurichten. So nutzt Walmart KI-Modelle, die historische Verkaufsdaten mit Wetter- und Wirtschaftsdaten kombinieren, um Nachfragepeaks vorherzusehen und Bestände vorausschauend zu verteilen (Musani 2023).
- **Betrugserkennung:** In der Finanzbranche identifizieren prädiktive Modelle ungewöhnliche Transaktionsmuster in Echtzeit, um Kreditkartenbetrug oder Geldwäsche frühzeitig mit einem Risikowert zu flaggen, bevor Schaden entsteht.
- **Predictive Maintenance:** In der Industrie sagen Algorithmen voraus, wann Maschinen oder Komponenten wahrscheinlich ausfallen werden. Wartung kann gezielt vor einem prognostizierten Ausfall eingeplant werden, wodurch teure Stillstandszeiten reduziert werden.
- **Mitarbeiterfluktuation (HR-Analytics):** Im Personalwesen wird vorhergesagt, welche Mitarbeiter das Unternehmen voraussichtlich verlassen könnten, um frühzeitig Gegenmaßnahmen (Weiterentwicklungsprogramme, Gespräche) einzuleiten.
- **Themenentwicklung:** Durch die Analyse von Medienveröffentlichungen ist die Predictive Intelligence in der Lage zu erkennen, welche Themen in der medialen Berichterstattung wahrscheinlich an Dynamik gewinnen. Dies hilft Unternehmen, frühzeitig aufkommende Kommunikationskrisen zu erkennen oder aktiv in der Presse frühzeitig auf einer „Themenwelle zu reiten".

Der Nutzen solcher Ergebnisse liegt darin, Entscheidungen proaktiv treffen zu können, statt nur reaktiv zu reagieren. Unternehmen berichten durch den Einsatz prädiktiver Analysen zum Beispiel von verbesserten Kundenbindungsraten, effizienterer Ressourcennutzung und Wettbewerbsvorteilen durch frühzeitiges Erkennen von Trends.

3 Agentic AI

3.1 Definition und Grundlagen

Definition: Agentic AI – Agentische KI (Agentic AI) bezeichnet KI-Systeme, die mit minimaler menschlicher Aufsicht ein bestimmtes Ziel erreichen können. Solche Systeme bestehen oft aus mehreren KI-Agenten – autonomen Software-Einheiten, die jeweils Teilaufgaben ausführen und zusammenwirken, um übergeordnete Ziele zu erfüllen. Im Gegensatz zu traditionellen KI-Systemen, die nur auf vordefinierte Eingaben reagieren, zeichnet sich agentische KI durch Eigeninitiative, Zielorientierung und Anpassungsfähigkeit aus. Der Begriff agentisch bezieht sich dabei auf die Handlungsfähigkeit dieser KI: Agentische KI-Modelle können unabhängig agieren und Entscheidungen treffen, ohne für jeden Schritt explizit programmiert zu sein. Sie bauen häufig auf Techniken der generativen KI (z. B. Large Language Models, LLMs) auf, erweitern deren Fähigkeiten jedoch dahingehend, dass sie nicht nur Inhalte vorschlagen, sondern Handlungen planen und ausführen können.

Ein einfaches Beispiel zur Abgrenzung: Ein generatives KI-Modell wie ChatGPT kann einen Textentwurf für eine Marketingkampagne erstellen. Ein agentisches KI-System geht weiter – es könnte automatisch die passenden Zielgruppen identifizieren, den Versandzeitpunkt optimieren und die Kampagne ohne menschliches Zutun starten, während es die Ergebnisse kontinuierlich überwacht und daraus lernt. Agentische KI-Systeme werden deshalb oft mit einem digitalen Mitarbeiter verglichen, der selbstständig Aufgaben erledigt. Gartner prognostiziert, dass solche KI-Agenten in naher Zukunft zu den Top-Technologietrends gehören, da sie über die reine Analyse hinaus echte Aktionen durchführen und zum Beispiel

J. Forthmann, *Agentic Predictive Intelligence*, essentials,
https://doi.org/10.1007/978-3-658-51539-3_3

in Bereichen wie Healthcare, Finanzwesen oder Fertigung Prozesse beschleunigen (Salesforce 2025).

Formale Definitionen stammen aus der Informatik: Ein Agent ist „eine Einheit, die ihre Umgebung über Sensoren wahrnimmt und über Aktuatoren auf sie einwirkt" (Russell und Norvig 2021). Agentische KI fügt dem Wahrnehmen und Agieren noch ein hohes Maß an Autonomie und Lernfähigkeit hinzu. Sie ermöglicht es mehreren solchen Agenten, in Multi-Agenten-Systemen zu kooperieren, wodurch komplexe Probleme in Teilprobleme zerlegt und parallel gelöst werden können (Ferber 1999; Siebert 2025).

3.2 Arbeitsweise und Fähigkeiten

Agentische KI-Systeme folgen in ihrer Arbeitsweise oft einem Regelkreis, der an menschliches Entscheidungsverhalten erinnert. Typischerweise lassen sich fünf Kernschritte identifizieren (Google 2023):

- **Wahrnehmung:** Der KI-Agent sammelt Informationen aus seiner Umgebung. Dies können Sensordaten, Datenbanken, Benutzerinteraktionen oder Web-Inhalte sein. Beispielsweise „liest" ein Agent Texteingaben oder beobachtet Messwerte.
- **Schlussfolgerung (Analyse):** Mithilfe von KI-Modellen (zum Beispiel einem LLM oder anderen Analytik-Modellen) interpretiert der Agent die gesammelten Daten, erkennt den Kontext und identifiziert relevante Muster. Er bewertet die aktuelle Situation – etwa dass ein bestimmtes Ereignis eingetreten ist oder ein Problem vorliegt.
- **Planung:** Aus den Schlussfolgerungen leitet der Agent eigenständig einen Plan ab, um ein definiertes Ziel zu erreichen. Er setzt Zwischenziele, zerlegt komplexe Aufgaben in Schritte und entscheidet, welche Aktion als nächstes den größten Fortschritt verspricht.
- **Aktion:** Der Agent führt die geplante Aktion aus. Das kann die Ausführung einer Software-Funktion sein (zum Beispiel eine Buchung im System vornehmen), das Versenden einer Nachricht, das Aufrufen eines externen Tools oder – im physischen Raum – die Bewegung eines Roboters.
- **Reflexion (Lernen):** Nachdem die Aktion durchgeführt wurde, evaluiert der Agent das Ergebnis. War die Aktion erfolgreich? Trat eine unerwartete Reaktion ein? Diese Rückmeldung fließt als Lernerfahrung in die internen Modelle ein. Der Agent passt auf Basis des Feedbacks seine künftigen Entscheidungen an.

Dieser Zyklus (Perceive – Reason – Plan – Act – Learn) ermöglicht es agentischen KI-Systemen, kontinuierlich besser zu werden. Durch die Reflexionsstufe unterscheiden sie sich fundamental von starren Automatisierungen: Ein agentisches System kann aus Fehlern lernen und seine Strategie dynamisch ändern. Beispiel: Ein KI-Agent plant Meetings für ein Team. Nachdem er feststellt, dass montags um 9 Uhr viele Personen ablehnen, lernt er, künftig eher andere Zeiten zu wählen. Diese Kontextanpassung in Echtzeit ist ein zentrales Merkmal agentischer KI und macht sie robust gegenüber Änderungen in der Umgebung.

Darüber hinaus zeichnen sich agentische KI-Agenten durch bestimmte Fähigkeiten aus (CleverTap 2025): Sie sind autonom (handeln eigenständig ohne ständige Anweisungen), proaktiv (antizipieren Bedürfnisse und agieren vorausschauend, statt nur zu reagieren), spezialisiert (können auf eng umrissene Aufgaben optimiert werden, zum Beispiel ein Agent nur für Datenanalyse), adaptiv (passen ihr Verhalten an neue Informationen an) und kommunikativ (können mit anderen Agenten und Menschen interagieren, zum Beispiel durch natürliche Sprache). In einem komplexen agentischen System arbeiten oft mehrere spezialisierte Agenten zusammen, koordiniert durch einen Orchestrator-Agenten, um eine übergreifende Aufgabe zu erfüllen (CleverTap 2025). Dieses multi-agentenzentrierte Design erlaubt es, Aufgaben parallel abzuarbeiten und Expertise zu modularisieren – vergleichbar mit Teams in einer Firma, in der jeder eine Rolle erfüllt.

3.3 Human-in-the-Loop: Rolle des Menschen

Trotz hoher Autonomie bleibt die Einbindung menschlicher Experten ein wichtiger Aspekt agentischer KI („Human-in-the-Loop“). Menschen definieren zunächst die Ziele und Rahmenbedingungen, in denen die KI-Agenten agieren sollen – zum Beispiel geschäftliche Regeln, ethische Vorgaben oder Risikogrenzen. Während des Betriebs ist es oft sinnvoll, dass kritische Entscheidungen oder Ausnahmen durch einen Menschen überprüft werden. So schreibt zum Beispiel die EU in vielen Fällen vor, dass automatisierte Entscheidungssysteme durch menschliche Aufsicht kontrolliert werden müssen (Stichwort AI Governance). Agentische KI kann zwar mit minimaler Aufsicht arbeiten, doch vollständige Vertrauenswürdigkeit muss erst bewiesen werden. Ein pragmatischer Ansatz ist daher ein hybrides Modell: Routineentscheidungen trifft der KI-Agent allein, bei ungewöhnlichen oder sicherheitskritischen Fällen wird eskaliert und eine menschliche Instanz entscheidet. Viele Unternehmen sind jedoch besonders vorsichtig und sehen den „Human-in-the-Loop“ vor jeder abschließenden Entscheidung eines Agents vor.

Die ethischen Implikationen sind erheblich: Ein Agent könnte – wenn falsch konzipiert – diskriminierende Entscheidungen treffen (zum Beispiel bei Kreditzusagen) oder unerwartete Aktionen auslösen, die dem Unternehmensruf schaden. Daher müssen Daten und Algorithmen auf Verzerrungen geprüft und Agenten mit Leitplanken versehen werden (Google 2023). Unternehmen sollten zudem transparent machen, wo agentische KI eingesetzt wird, um Vertrauen bei Kunden und Mitarbeitenden zu schaffen. Als Best Practice gilt, Ergebnisse von KI-Agenten erklärbar zu machen, damit ein Mensch im Zweifel nachvollziehen kann, warum eine Empfehlung oder Handlung zustande kam (Google 2023).

In der Anfangsphase der Einführung agentischer KI ist es ratsam, enger in der Schleife zu bleiben: Menschen prüfen die Vorschläge der Agenten und geben aktiv Feedback. Dies schafft einerseits Sicherheit, andererseits liefert es den KI-Systemen wertvolle Lerndaten (Korrekturen), um ihre Leistung zu verbessern (Yee et al. 2025). Einige Organisationen haben festgestellt, dass die Zusammenarbeit zwischen Agenten und menschlichen Teams am effektivsten ist, wenn klare Rollen verteilt sind – der Agent übernimmt zum Beispiel Datenauswertung und Routineentscheidungen, der Mensch konzentriert sich auf Strategie, Kommunikation und außergewöhnliche Fälle. Insgesamt besteht die Kunst darin, das optimale Gleichgewicht zwischen Automation und menschlicher Kontrolle zu finden, damit Verlässlichkeit, Ethik und Effizienz gewährleistet sind.

3.4 Organisatorische Einbindung und Veränderung

Die Einführung agentischer KI betrifft nicht nur die IT-Abteilung, sondern oft die gesamte Organisation. Prozesse und Workflows müssen möglicherweise angepasst werden, damit KI-Agenten effektiv wirken können. McKinsey fand heraus, dass Projekte scheitern, wenn man nur isoliert einen Agenten entwickelt, ohne den umgebenden Workflow zu überdenken (Yee et al. 2025). Erfolgreiche Anwendungen von Agentic AI gehen mit einer Neugestaltung der Arbeitsabläufe einher: Man identifiziert, welche Prozessschritte von Agenten übernommen werden können, wie Mensch und Maschine zusammenwirken und wo Schnittstellen geschaffen werden müssen (Yee et al. 2025). Beispielsweise kann in einem Kundenservice-Workflow ein KI-Agent einfache Anfragen vollständig automatisiert beantworten, während komplexe Anliegen an Mitarbeitende weitergeleitet werden – der Prozess muss so gestaltet sein, dass der Übergang reibungslos funktioniert.

Technisch bedeutet organisatorische Einbindung oft die Integration in bestehende IT-Systeme. Agentische KI-Systeme müssen an Datenbanken, ERP-/CRM-Software und eventuell IoT-Geräte angebunden werden, um relevante Informationen zu beziehen und Aktionen durchzuführen (Google 2023). Dies erfordert sorgfältige Planung und häufig Anpassungen an Schnittstellen. Zudem sind Change-Management und Schulungen entscheidend: Mitarbeitende müssen verstehen, welche Aufgaben der KI-Agent übernimmt und wie sich ihre eigene Rolle verändert. Eine transparente Kommunikation über Ziele und Grenzen der KI hilft, Akzeptanz zu schaffen und Ängste (etwa vor Jobverlust) abzubauen. Viele Unternehmen setzen Pilotprojekte in einzelnen Abteilungen ein, um Erfahrungen zu sammeln, bevor agentische KI breit ausgerollt wird. Solche Pilotphasen erlauben es, technische Probleme zu beheben und die Zusammenarbeit zwischen Agent und Team zu optimieren.

Ein oft unterschätzter Aspekt ist die Wartung und Überwachung der KI-Agenten im laufenden Betrieb. Wie andere „Mitarbeiter" brauchen auch KI-Agenten Betreuung: Ihre Performance sollte kontinuierlich getrackt, Fehlentscheidungen analysiert und Modelle bei Bedarf neu trainiert oder angepasst werden (Google 2023). Einige Unternehmen etablieren daher spezielle AI-Ops- oder ML-Ops-Teams, die sich um das „Wohlergehen" der Agenten kümmern. Schließlich spielt die IT-Sicherheit eine Rolle: Agentische KI-Systeme könnten zum Ziel von Cyberangriffen werden (Google 2023). Deshalb müssen robuste Sicherheitsmaßnahmen – von Zugriffsrechten über Verschlüsselung bis Monitoring – implementiert werden, um Missbrauch vorzubeugen. Werden all diese organisatorischen Faktoren berücksichtigt, kann agentische KI ihr Potenzial voll entfalten, statt an Implementierungshürden zu scheitern.

3.5 Positive Veränderungen und Potenziale

Der Einsatz von Agentic AI verspricht eine Reihe positiver Veränderungen in Unternehmen. Ein zentrales Versprechen ist die Effizienzsteigerung: Durch Autonomie können Routineaufgaben rund um die Uhr und in Lichtgeschwindigkeit erledigt werden, ohne auf menschliche Arbeitszeiten beschränkt zu sein. Prozesse, die früher Tage dauerten, laufen nun in Sekunden oder Minuten ab. Frühere Analysen zu agentenbasierten Systemen zeigen zum Beispiel, dass Entscheidungsprozesse um bis zu 60 % beschleunigt werden können, weil die KI die Zeit zwischen Erkenntnis und Aktion drastisch verkürzt (Tredence 2025).

Ein weiterer Vorteil ist die Fehlerreduktion bei standardisierten Abläufen: KI-Agenten arbeiten konsistent nach vorgeschriebenen Regeln und machen keine Flüchtigkeitsfehler. In Bereichen wie der Dateneingabe, Qualitätskontrolle oder Überwachung können sie menschliche Fehler nahezu eliminieren. Gleichzeitig führen die lernenden Fähigkeiten der Agenten zu einer kontinuierlichen Verbesserung: Das System wird mit jeder Iteration schlauer, was zu einem selbstverstärkenden Optimierungszyklus führt. Unternehmen profitieren davon durch stetig steigende Qualität der Ergebnisse.

Durch die Proaktivität agentischer KI können Probleme angegangen werden, bevor sie eskalieren. Beispiel: In der Wartung erkennt ein Agent eine Abweichung in den Sensordaten einer Maschine und löst umgehend eine Inspektion aus, bevor ein teurer Ausfall passiert. Oder im Kundenmanagement: Ein Agent identifiziert unzufriedene Kunden anhand von Stimmungsanalysen in E-Mails und initiiert automatisch eine Rückgewinnungsaktion, noch bevor der Kunde kündigt. Solche vorausschauenden Maßnahmen führen zu Kosteneinsparungen und Umsatzsicherung.

Nicht zuletzt eröffnet Agentic AI neue Möglichkeiten der Personalisierung und Kundenzufriedenheit. Autonome KI-Agenten können Kunden individuell betreuen – in einer Weise, wie es manuell kaum möglich wäre. Sie lernen ständig aus jeder Interaktion und passen ihr Verhalten an, was langfristig zu besseren Ergebnissen führt. Insgesamt deutet vieles darauf hin, dass Unternehmen mit Agentic AI agiler, effizienter und innovativer werden können.

Agentic Predictive Intelligence

4

4.1 Definition und Konzept

Nachdem die Grundlagen geklärt sind, führt dieses Kapitel die beiden Stränge zusammen: Agentic Predictive Intelligence bezeichnet KI-Systeme, die prädiktive Modelle und autonome Agenten in einer integrierten Architektur vereinen. Ein solches System kann aus Daten Vorhersagen generieren und eigenständig Maßnahmen darauf aufbauend einleiten – es schließt damit den Kreis zwischen Analytics und Action. Anders formuliert: Agentic Predictive Intelligence ist ein KI-getriebenes Entscheidungsnetzwerk, das ständig seine Umgebung überwacht, zukünftige Entwicklungen antizipiert und in Echtzeit angemessene Antworten ausführt – mit minimaler bis keiner menschlichen Intervention. Fachlich ist der Begriff „Agentic Predictive Intelligence" umstritten, weil Predictive-Intelligence-Systeme auch agentisch arbeiten können. Dennoch ist hier die „Agentic Predictive Intelligence" richtig gewählt, denn es geht auch um das Füttern von Agents mit Daten aus der Predictive Intelligence – also einer Verknüpfung von Predictive-Intelligence-Anwendung mit Agentic AI.

In der Praxis besteht eine Agentic-Predictive-Intelligence-Lösung oft aus mehreren Komponenten: Ein Predictive-Modul (zum Beispiel ein Machine-Learning-Modell oder eine Sammlung von Algorithmen), das aus historischen und aktuellen Daten Prognosen erstellt, sowie ein Agenten-Modul, das diese Prognosen interpretiert und Handlungspläne formuliert. Die agentische Komponente nutzt die Vorhersagen als Auslöser für Entscheidungsbäume: Wenn das prädiktive Modell zum Beispiel einen Nachfragerückgang prognostiziert, entscheidet der KI-Agent, welche

J. Forthmann, *Agentic Predictive Intelligence*, essentials,
https://doi.org/10.1007/978-3-658-51539-3_4

Gegenmaßnahmen zu ergreifen sind (etwa Marketingaktionen oder Bestellmengen anpassen) und setzt diese aktiv um.

Dieses Zusammenspiel ermöglicht Closed-Loop-Systeme, in denen Erkenntnisgewinn und Umsetzung nahtlos verzahnt sind. Traditionell endeten viele Predictive-Analytics-Projekte mit Dashboards und Berichten – die Umsetzung der Empfehlungen lag beim Menschen. Agentic Predictive Intelligence entfernt diese Lücke: Die KI geht den letzten Schritt vom Insight zur Aktion. Eine solche Lösung wird manchmal als „self-driving enterprise" bezeichnet – analog zu einem selbstfahrenden Auto, das nicht nur die Straße erkennt (Predictive), sondern auch lenkt, bremst und Gas gibt (Agentic).

Personalisierung im E-Commerce

Das Zusammenspiel von Vorhersage und autonomen Aktionen lässt sich an einem Online-Handel verdeutlichen. Angenommen, das prädiktive Modul eines E-Commerce-Systems prognostiziert, dass ein bestimmter Kunde mit hoher Wahrscheinlichkeit seinen Warenkorb abbrechen wird. Daraufhin initiiert der KI-Agent in Echtzeit eine personalisierte Rabattaktion (zum Beispiel ein Popup-Fenster mit einem Rabattangebot) oder schaltet einen Chatbot frei, der dem Kunden Hilfe anbietet, um den Kauf doch noch zum Abschluss zu bringen. All dies geschieht autonom, ohne dass ein Marketing-Mitarbeiter manuell eingreifen muss. Die Kombination von Vorhersage plus Aktion innerhalb von Sekunden kann die Conversion-Rate deutlich erhöhen.

In der Fachliteratur ist Agentic Predictive Intelligence noch ein junges Konzept. Oft spricht man auch von „autonomen prädiktiven Systemen" oder „closed-loop AI". Im Kern geht es stets darum, die Stärken prädiktiver Modelle – nämlich Genauigkeit und Mustererkennung – mit den Stärken agentischer KI – Autonomie und Handlungsfähigkeit – zu verbinden. So entstehen KI-Systeme, die ganzheitlich agieren können: von der Datenanalyse bis zur Ausführung einer Entscheidung. ◄

4.2 Stand der Forschung und Entwicklung

Da Agentic Predictive Intelligence sehr neu ist, befindet sich auch die Forschung hierzu in einem frühen Stadium. Bisher liegen vor allem konzeptionelle Arbeiten und erste Prototypen aus Unternehmen vor. Eine aktuelle Übersichtsarbeit von Sapkota et al. (2025) zeichnet ein zusammenhängendes Bild der Entwicklung: Sie unterscheidet klar zwischen herkömmlichen AI-Agenten und Agentic AI, welche durch Merkmale wie multiagentische Zusammenarbeit, persistente Erinnerung und orchestrierte Autonomie definiert sind (Sapkota et al. 2025). Diese Arbeit zeigt, dass durch den Aufschwung großer generativer Modelle seit 2022 das Interesse an autonomen Agenten sprunghaft gestiegen ist. Allerdings handelt es sich bei vielen veröffentlichten Systemen noch um Experimente und Proof-of-Concepts. Die Autoren betonen Herausforderungen wie Halluzinationen, Brüchigkeit der Agenten-Logik und Koordinationsprobleme in Multi-Agenten-Settings – alles Themen, die für eine robuste Agentic Predictive Intelligence gelöst werden müssen (Sapkota et al. 2025).

Gleichzeitig entstehen auf Branchenkonferenzen und in Unternehmen erste Anwendungsstudien. Ojha (2025) demonstrierte etwa ein agentisches KI-Framework zur prädiktiven Steuerung von Lieferketten: In seiner Fallstudie prognostiziert ein Modell potenzielle Verzögerungen in der Logistik, woraufhin KI-Agenten automatisch Routen anpassen und Nachlieferungen veranlassen. Die Ergebnisse zeigen erhebliche Verbesserungen in Reaktionszeit und Resilienz der Supply Chain (Ojha 2025). Solche domänenspezifischen Berichte gelten als erste Evidenz, dass Predictive-Agentic-Ansätze praktisch umsetzbar sind. Auch Tech-Konzerne wie Amazon und Google experimentieren mit agentischen Erweiterungen ihrer ML-Plattformen, beispielsweise autonome Cloud-Optimierungstools, die Lasten vorhersagen und eigenständig Serverkapazitäten hoch- und runterfahren.

Insgesamt lässt sich der Forschungsstand so zusammenfassen: Die Bausteine – fortgeschrittene prädiktive Modelle und agentische KI-Architekturen – sind vorhanden und werden laufend verbessert. Die Verbindung beider zu vollständig autonomen, vorausschauenden Systemen steckt aber noch in den Kinderschuhen. Viele Veröffentlichungen 2025/2026 antizipieren jedoch eine rasche Entwicklung. Auch Institutionen wie IEEE oder ISO beginnen, Standards für KI-Agenten und deren Evaluation zu diskutieren, was den steigenden Reifegrad anzeigt. Die wissenschaftliche Diskussion dreht sich vor allem um Fragen der Zuverlässigkeit und Sicherheit solcher sich selbst steuernder Systeme: Wie testet man sie? Wie stellt man sicher, dass sie keine unerwünschten Handlungen durchführen? Erste Vorschläge – etwa Konzepte für Safe Reinforcement Learning für autonome Agenten – kommen aus der KI-Sicherheitsforschung. Alles in allem steht Agentic Predictive Intelligence an der Schwelle vom Labor in die Praxis – die nächsten Jahre werden entscheidend sein, um aus Prototypen produktive Lösungen zu formen.

Wechselwirkungen zwischen Vorhersage und Aktion Die besondere Stärke von Agentic Predictive Intelligence liegt in den Wechselwirkungen zwischen dem prädiktiven und dem agentischen Bestandteil. Beide Komponenten verstärken sich idealerweise gegenseitig in einem Lernkreislauf:

- **Vorhersagen treiben Aktionen:** Die aus Daten gewonnenen Prognosen liefern dem Agenten die Entscheidungsgrundlage. Im Gegensatz zu statischen, regelbasierten Systemen können Agenten dank der Vorhersagen viel flexibler und früher reagieren. Ein prädiktives Modell könnte beispielsweise prognostizieren, dass eine Maschine in 10 h ausfallen wird – ein angebundener KI-Agent plant sofort präventive Maßnahmen wie Wartung oder Ausfallsicherung.
- **Aktionen erzeugen neue Daten:** Die von Agenten ausgeführten Handlungen (zum Beispiel geänderte Prozesse, Kundeninteraktionen, Systemeingriffe) führen zu neuen Daten und Rückmeldungen aus der Umwelt. Diese fließen zurück in die Datenbasis und können vom prädiktiven Modell beim nächsten Mal berücksichtigt werden. So entsteht ein Feedback-Loop: Die KI lernt aus den Konsequenzen ihrer Handlungen. Tredence (2025) beschreibt diesen Closed-Loop-Ansatz als Minimierung der Entscheidungslatenz – der Zeit zwischen Dateninput und getroffener Entscheidung – was in digitalen Zeiten ein entscheidender Wettbewerbsvorteil sein kann (Tredence 2025).

Dieses Closed-Loop-Prinzip – Vorhersage führt zu Aktion, Aktion führt zu neuen Daten für bessere Vorhersagen – macht Agentic Predictive Intelligence so reizvoll. Es verbindet analytische Intelligenz mit Handlungsfähigkeit zu einem kontinuierlichen Optimierungssystem. In der Praxis bedeutet das: Je mehr Entscheidungen ein solches System trifft, desto mehr lernt es und desto besser werden seine zukünftigen Entscheidungen. Dadurch könnte ein Unternehmen im Idealfall einen selbstverbessernden Kreislauf etablieren, der Agilität und Effizienz stetig steigert.

5 Agentic Predictive Intelligence im Einkauf

Im Einkauf und Supply Chain Management hat sich der Übergang zu datengesteuerten Ansätzen vollzogen. Predictive Intelligence ermöglicht Bedarfs-, Lieferzeit- und Preisprognosen. So können Einkaufsteams Risiken antizipieren, bevor sie eintreten – beispielsweise durch Prognose drohender Lieferverzögerungen oder Engpässe anhand externer Faktoren (JAGGAER 2025). Auch Preisprognosen für Rohstoffe sind gängige Anwendungsfälle, in denen der Prognose eine automatische Reaktion des KI-Agenten folgt. Große Online-Händler wie Amazon nutzen KI-gestützte Vorhersagen, um saisonale Nachfragespitzen zu erkennen und Lagerbestände zu optimieren (TQA Solutions 2025). Das Ergebnis: weniger Out-of-Stock-Situationen bei geringeren Lagerkosten. Voraussetzung sind hochwertige, integrierte Daten aus ERP-, Lager- und Lieferantensystemen.

Die Verbindung von Predictive Intelligence mit Agentic AI zeigt ihren größten Nutzen, wenn Prognosen direkt operative Aktionen auslösen. Erkennt das System etwa einen bevorstehenden Materialengpass, löst ein Agent automatisch eine Nachbestellung aus und prüft alternative Lieferanten (Tredence 2025). Bei Logistikstörungen wie wetterbedingten Verzögerungen könnten Agenten Sendungen umleiten oder Produktionspläne anpassen (Tredence 2025). DHL nutzt bereits KI-Elemente in Sortierprozessen und könnte Agenten einsetzen, die Lieferprioritäten dynamisch verteilen (Tredence 2025).

J. Forthmann, *Agentic Predictive Intelligence*, essentials,
https://doi.org/10.1007/978-3-658-51539-3_5

6 Agentic Predictive Intelligence im Controlling

Im Controlling gewinnt vorausschauende Analyse an Bedeutung. Machine-Learning-Modelle prognostizieren Umsätze, Kosten oder Cashflows präziser als klassische Forecasts (Tredence 2025). Controller können Budgetabweichungen früh erkennen und gegensteuern. Predictive Modelle verbessern Frühwarnindikatoren, zum Beispiel Zahlungsausfälle oder Budgetüberschreitungen.

Die Kombination aus prädiktiver und agentischer KI macht Controlling zu einem proaktiven Steuerungsbereich. Erkennt ein Modell beispielsweise steigende Rohstoffpreise und Budgetrisiken, aktualisiert ein Agent automatisch die Forecasts und initiiert Budget-Umschichtungen (Awad et al. 2025). Bei Fraud-Risiken friert ein Agent verdächtige Zahlungen ein, erhöht Prüfungsstandards und informiert das Compliance-Team (Tredence 2025).

J. Forthmann, *Agentic Predictive Intelligence*, essentials,
https://doi.org/10.1007/978-3-658-51539-3_6

7 Agentic Predictive Intelligence im Risikomanagement

Risikomanagement umfasst das Identifizieren, Bewerten und Steuern von Risiken in einem Unternehmen – von finanziellen und operationellen Risiken bis zu Compliance- und Cyberrisiken. Hier bietet Agentic Predictive Intelligence neue Möglichkeiten, Risiken nicht nur frühzeitiger zu erkennen, sondern auch automatisiert Gegenmaßnahmen einzuleiten. KI-gestützte Prognosemodelle können z. B. drohende Risiken wie Zahlungsausfälle, Betrugsfälle oder Systemausfälle vorhersagen, während autonome KI-Agenten basierend auf diesen Vorhersagen eigenständig intervenieren. So entsteht ein proaktiver Risikomanagement-Ansatz: Anstatt nur auf eingetretene Schäden zu reagieren, können Unternehmen Risiken antizipieren und in Echtzeit handeln (Verhagen et al. 2025).

7.1 Anwendungsszenarien und Potenziale im Risikomanagement

In der Praxis zeigen sich vielfältige Anwendungsbereiche für Agentic Predictive Intelligence im Risikomanagement:

- **Operationale Risiken und Ausfallschutz:** In Produktions- oder IT-Umgebungen lassen sich mithilfe vorausschauender Analytik potenzielle Störungen erkennen (zum Beispiel drohende Maschinenausfälle oder Serverüberlastungen). Kombiniert mit Agentic AI führt dies zu Predictive Maintenance auf neuem Niveau: Erkennt das Modell ein Anzeichen für einen baldigen Ausfall, plant der KI-Agent umgehend Gegenmaßnahmen ein – etwa eine Wartung oder

J. Forthmann, *Agentic Predictive Intelligence*, essentials,
https://doi.org/10.1007/978-3-658-51539-3_7

das Umschalten auf Redundanzsysteme –, bevor es zum Stillstand kommt. Dieser vorausschauende Eingriff verhindert Folgeschäden und erhöht die Betriebsresilienz (Thomson Reuters 2025).

- **Markt- und Kreditrisiken:** Auch im Finanzrisikomanagement können Agentic-Predictive-Intelligence-Systeme helfen, zum Beispiel indem sie Marktdaten ständig analysieren und Portfoliorisiken prognostizieren. Ein Agent könnte bei Erreichen kritischer Schwellenwerte in der Zukunftsprognose in Sekundenbruchteilen automatische Absicherungsmaßnahmen ausführen, wie den Verkauf riskanter Positionen oder das Anpassen von Kreditlinien. Dadurch werden Entscheidungslatenzen minimiert – ein klarer Wettbewerbsvorteil an volatilen Märkten (Tredence 2025).

Die Vorteile eines solchen Ansatzes liegen auf der Hand: Schnelligkeit und Skalierbarkeit. KI-Agenten können rund um die Uhr Tausende Risikoindikatoren parallel überwachen, Prädiktionen durchführen und in Echtzeit reagieren, was menschlichen Teams nicht möglich wäre. Gleichzeitig arbeiten sie konsistent nach vorgegebenen Regeln und unbeeinflusst von Ermüdung oder emotionalen Faktoren, was zu verlässlicheren Entscheidungen führt (Siebert 2025). Frühwarnsignale werden nicht mehr übersehen, da das System automatisch Gegenmaßnahmen ergreift.

7.2 Herausforderungen bei der Umsetzung

Trotz der Potenziale gibt es auch Herausforderungen bei der Einführung von Agentic Predictive Intelligence im Risikomanagement. Eine zentrale Schwierigkeit ist die Vertrauenswürdigkeit der KI-Entscheidungen. Gerade in hochregulierten Bereichen müssen die Handlungen eines KI-Agenten nachvollziehbar und auditierbar sein. Black-Box-Modelle stoßen hier an Grenzen, da Risikomanager und Regulatoren verstehen wollen, warum zum Beispiel Gegenmaßnahmen ergriffen wurden, um ein Risiko abzuwenden. Die Gewährleistung von Explainable AI und definierten Eingriffspunkten für Menschen (Human-in-the-Loop) ist daher unerlässlich (TekSystems 2025).

Hinzu kommt die Datenqualität: Prognosen sind nur so gut wie die Datenbasis. Fehlende oder fehlerhafte Daten können zu falschen Alarmen oder riskanten Fehleinschätzungen führen. Unternehmen müssen sicherstellen, dass ihre Risiko- und Verlusthistorien, Transaktionsdaten sowie externen Datenquellen sauber und aktuell sind. Oft gilt es, Datensilos zwischen Abteilungen (zum Beispiel Risk, Finance, IT) aufzubrechen, um dem KI-System eine vollständige Sicht auf alle relevanten Informationen zu bieten.

Auch die Integration in bestehende Prozesse ist herausfordernd. Risikomanagement ist häufig in klar definierten Workflows mit Freigabestufen verankert. Ein KI-Agent, der autonom handelt, passt nicht ohne Weiteres in diese Governance-Strukturen. Es müssen neue Prozesse definiert werden, wann die KI handeln darf und wann menschliche Freigaben nötig sind – beispielsweise könnte man Schwellenwerte festlegen, ab wann ein Agent eine Entscheidung zur Überprüfung an einen Menschen eskalieren muss (Thomson Reuters 2025). Zudem verlangt die Einführung solcher Systeme ein Umdenken bei den Mitarbeitenden: von der manuellen Kontrolle hin zur überwachten Automatisierung. Change-Management und Schulungen sind daher erfolgskritisch, damit das Risiko-Team die KI nicht als Bedrohung, sondern als entlastendes Werkzeug begreift.

> **Tipp** Starten Sie mit eng begrenzten Piloten in einem überschaubaren Risikobereich, um Erfahrungen mit Agentic Predictive Intelligence zu sammeln. Beispielsweise kann zunächst die Betrugsprädiktion in einem Produktsegment automatisiert werden, bevor eine Ausweitung erfolgt. Binden Sie von Anfang an Compliance- und Risikocontroller ein und definieren Sie klare Regeln für den KI-Einsatz. Eine transparente Kommunikation über Ziele, Möglichkeiten und Grenzen der Automatisierung schafft Vertrauen und Akzeptanz – so wird die KI nicht als Bedrohung, sondern als Team-Erweiterung verstanden.

7.3 Technologische und organisatorische Voraussetzungen

Für den erfolgreichen Einsatz von Agentic Predictive Intelligence im Risikomanagement müssen bestimmte Voraussetzungen erfüllt sein. Technologisch benötigt es eine robuste Dateninfrastruktur: Daten aus unterschiedlichen Quellen (Transaktionen, Logfiles, Marktinformationen etc.) sollten idealerweise in einem zentralen Data Lake oder Warehouse zusammenfließen, auf den das Predictive-Modul zugreifen kann. Echtzeit-Fähigkeit ist wichtig – zum Beispiel mittels Streaming-Plattformen, um aktuelle Ereignisse sofort zu verarbeiten. Die KI-Agenten müssen in bestehende IT-Systeme integriert sein, etwa Kernbankensysteme, ERP- oder Monitoring-Tools, damit sie direkt Aktionen (wie Zahlungssperren, Alarmmeldungen oder System-Failover) auslösen können. Zudem sind Sicherheits- und Kontrollmechanismen essenziell: Da agentische Systeme autonom agieren, braucht es ein engmaschiges Monitoring ihrer Aktivitäten, Protokollierung aller

Entscheidungen sowie Fail-Safe-Mechanismen, falls ein Agent falsch reagiert (TekSystems 2025). Hier kommen neue Governance-Ansätze ins Spiel, die speziell für KI-Agenten entwickelt werden (Stichwort AI Governance).

Auf **organisatorischer** Ebene ist die Bereitschaft zur Zusammenarbeit von Mensch und Maschine entscheidend. Rollen und Verantwortlichkeiten müssen neu gedacht werden: Risikomanager könnten vermehrt die Rolle von Supervisors übernehmen, die KI-Ergebnisse validieren und das System bei Bedarf anpassen („KI-Coaches"). Die Unternehmenskultur sollte Fehler der KI als Lernchancen betrachten und nicht vorschnell abstrafen – ähnlich wie neue Mitarbeitende braucht auch eine KI-gestützte Lösung eine Anlaufzeit, um optimal zu funktionieren. Top-Management-Unterstützung ist notwendig, um Vorbehalte abzubauen und die strategische Bedeutung des Themas zu unterstreichen. Nicht zuletzt müssen rechtliche Aspekte wie Haftungsfragen (wer trägt die Verantwortung, wenn der KI-Agent eine Fehlentscheidung trifft?) und Regulierungsanforderungen (zum Beispiel Meldepflichten bei automatisierten Entscheidungen) vorab geklärt werden.

7.4 Fazit

Agentic Predictive Intelligence kann das Risikomanagement revolutionieren, indem Risiken proaktiv gemanagt werden und Entscheidungen in Sekunden getroffen werden, wo Menschen Minuten oder Stunden bräuchten. Für Entscheidungsträger bedeutet dies die Chance, die Resilienz des Unternehmens erheblich zu steigern und potenzielle Schäden zu minimieren. Frühindikatoren werden dank KI genauer erkannt, und automatische Reaktionen verhindern Schlimmeres, bevor es passiert. Allerdings ist ein bewusstes Vorgehen nötig: Ohne geeignete Daten, klare Leitplanken und menschliche Aufsicht kann ein solches System auch neue Risiken mit sich bringen. Insgesamt zeigt sich, dass mit den richtigen Voraussetzungen und einer durchdachten Einführung Agentic Predictive Intelligence im Risikomanagement einen deutlichen Mehrwert bietet – es macht das Unternehmen agiler, sicherer und effizienter im Umgang mit Unsicherheiten (Sapkota et al. 2025).

Agentic Predictive Intelligence im Vertrieb

8

Im Vertrieb zielt Agentic Predictive Intelligence darauf ab, den Verkaufsprozess durch KI-Unterstützung effizienter und zielgerichteter zu gestalten. Vertriebsteams stehen oft vor der Frage, welche Leads sie priorisieren sollen, wie sie Kunden optimal ansprechen und wie Vertriebsprognosen präzisiert werden können. Hier kommen prädiktive Analysen und autonome KI-Agenten ins Spiel: Sie können aus dem Fundus von CRM-Daten, Verkaufshistorie und Kundeninteraktionen vorhersagen, welche Interessenten mit hoher Wahrscheinlichkeit kaufen, und entsprechend automatische Aktionen einleiten. So entsteht gewissermaßen ein digitaler Vertriebsassistent, der Routineaufgaben übernimmt und zugleich fundierte Empfehlungen gibt – damit sich menschliche Verkäufer auf die Kundenbeziehung konzentrieren können (Creatio 2025).

8.1 Anwendungsszenarien und Nutzen im Vertrieb

Typische Anwendungsfälle von API im Vertrieb sind:

- **Predictive Lead Scoring:** KI-Modelle analysieren vergangene Verkaufsabschlüsse, Kundenprofile und Interaktionsdaten, um jedem neuen Lead einen Score für seine Abschlusswahrscheinlichkeit zuzuweisen. Ein agentisches System passt diese Scores dynamisch an und priorisiert die vielversprechendsten Leads für das Vertriebsteam. Dies erhöht die Trefferquote deutlich – Studien zeigen, dass Verkäufer mit KI-gestütztem Lead Scoring bis zu 3,7-mal häufiger ihre Vertriebsziele erreichen (Creatio 2025).

J. Forthmann, *Agentic Predictive Intelligence*, essentials,
https://doi.org/10.1007/978-3-658-51539-3_8

- **Automatisierte Kundenansprache:** Auf Basis der Vorhersagen kann ein KI-Agent eigenständig erste Kontaktaufnahmen durchführen. Beispiel: Ein Softwareunternehmen setzt einen Agenten ein, der erkannte „heiße“ Leads unmittelbar nach einer Produktdemo per personalisierter E-Mail anspricht und einen Beratungstermin anbietet. Die Personalisierung der Mail erfolgt auf der Basis der Prognosen der Predictive Intelligence. Der Agent generiert die Nachricht mit passenden Produktargumenten (ggf. unter Nutzung generativer KI) und bucht bei Interesse automatisch einen Termin im Kalender des Vertriebsteams. Solche digitalen Vertriebsassistenten können rund um die Uhr agieren, was eine schnellere Lead-Nachverfolgung ermöglicht und das Vertriebsteam entlastet.
- **Verkaufsprognosen und Pipeline-Management:** Predictive-Analytics-Modelle können auf Basis historischer Umsatzdaten und aktueller Pipeline den voraussichtlichen Quartalsumsatz prognostizieren. Agentic AI geht einen Schritt weiter: Erkennt das System zum Beispiel, dass das Vertriebsziel in Gefahr ist, kann ein KI-Agent automatisiert Gegenmaßnahmen anstoßen – etwa zusätzliche Marketingaktionen für schwächelnde Regionen initiieren oder Rabatte für stockende Deals freigeben. Damit wird die Vertriebssteuerung agiler, da auf Prognoseabweichungen sofort reagiert wird.
- **Cross- & Upselling:** Predictive Intelligence prognostiziert aus Kaufmustern, welche Produkte oder Services ein Kunde als Nächstes benötigen könnte. Agentische Vertriebshelfer schlagen dem Account Manager nicht nur solche Upsell-Möglichkeiten vor, sondern können selbstständig personalisierte Angebote unterbreiten, die auf die höchste Abschlusswahrscheinlichkeit optimiert sind. Beispielsweise könnte ein Agent einem Bestandskunden automatisch ein Upgrade anbieten, wenn sein Nutzungsverhalten darauf hindeutet, dass ein höherwertiges Paket Mehrwert bietet – inklusive individuell berechnetem Rabatt, falls vom Unternehmen vorgegeben. Unternehmen wie Amazon praktizieren Vorhersagemodelle bereits erfolgreich für Empfehlungssysteme; mit Agentic AI ließen sich derartige Empfehlungen direkt in konkrete Verkaufshandlungen umsetzen.

Der Nutzen dieser Anwendungen ist erheblich. Zum einen steigert der KI-Einsatz die Erfolgsquoten und Effizienz: Untersuchungen berichten, dass KI-gestützte Vertriebsorganisationen bis zu 50 Prozent mehr Leads generieren und Vertriebskosten um bis zu 60 Prozent senken können (Harvard Business Review 2016). Zum anderen sorgt die Automatisierung repetitiver Aufgaben (Datenpflege, Follow-ups, Terminierung) dafür, dass Vertriebler mehr Zeit für wertschöpfende Tätigkeiten haben – nämlich die Kundenberatung und den Abschluss. KI-Agenten fungieren dabei als digitale Teammitglieder, die immer verfügbar sind und kein Detail vergessen. Sie erhöhen die Reaktionsgeschwindigkeit und die Abschlusswahrscheinlichkeit enorm: Ein Interessent, der spätabends ein Kontaktformular ausfüllt, erhält möglicherweise binnen Minuten eine personalisierte Antwort vom KI-Assistenten, die mit Predictive Intelligence auf die höchste Abschlussprognose optimiert ist. Erste Projekte beziffern den Produktivitätszuwachs im Vertrieb durch KI auf zweistellige Prozentwerte, was sich direkt in Umsatzwachstum übersetzt (Yee et al. 2025).

8.2 Herausforderungen und Erfolgsfaktoren

Die Einführung von agentischen KI-Lösungen im Vertrieb bringt auch Herausforderungen mit sich. Ein wichtiger Aspekt ist die Akzeptanz im Vertriebsteam. Verkäufer leben von persönlichen Kundenbeziehungen und ihrem Erfahrungsschatz – hier kann die Sorge entstehen, von einer KI bevormundet oder sogar ersetzt zu werden. Es ist entscheidend, KI als Hilfsmittel zu positionieren, das den Vertrieb unterstützt und von Routinearbeit entlastet, statt als Konkurrenz. Frühere Projekte zeigen, dass die Akzeptanz steigt, wenn Vertriebler in die Entwicklung der KI-Anwendungen eingebunden werden und Erfolge transparent kommuniziert werden (Khoury et al. 2025).

Eine weitere Herausforderung ist die Datenbasis. Im Vertrieb sind CRM-Daten nicht immer vollständig oder konsequent gepflegt. Schlechte Datenqualität (zum Beispiel veraltete Kontaktdaten oder lückenhafte Erfassung von Interaktionen) mindert direkt die Prognosegüte. Bevor ein Predictive-Modell ausgerollt wird, sollte daher ein Data-Clearing stattfinden: Dubletten bereinigen, Felder vereinheitlichen und relevante historische Daten (Verkaufszyklen, Angebote, Kundenverhalten) zusammenführen. Zudem müssen Datenschutz und ethische Richtlinien beachtet werden, etwa im Umgang mit personenbezogenen Kundendaten oder bei der automatisierten Ansprache – der Balanceakt zwischen Personalisierung und Privatsphäre darf nicht vernachlässigt werden.

Technisch erfordert die Integration von KI-Agenten in bestehende Vertriebssysteme einiges an Aufwand. Die Schnittstellen zwischen CRM, E-Mail-System, Kalender und ggf. Marketing-Automation müssen reibungslos funktionieren, damit der die Agentic Predictive Intelligence Daten ziehen und Aktionen auslösen kann. Auch hier gilt: Lieber klein starten und die Lösung schrittweise ausbauen.

▶ **Tipp** Zeigen Sie dem Vertriebsteam frühzeitig Quick Wins – zum Beispiel, wie der KI-Agent über Nacht Termine mit zwei hochrangigen Interessenten vereinbart hat. Solche Erfolgsgeschichten schaffen Vertrauen. Gleichzeitig sollten klare Spielregeln definiert werden: Welche Entscheidungen darf die KI treffen (z. B. bis zu welchem Rabatt darf ein Agent autonom angeboten werden) und wo ist eine Freigabe durch Vertriebsmitarbeitende nötig? Ein enger Schulterschluss zwischen Sales und IT bei der Implementierung hilft, praxistaugliche Lösungen zu gestalten.

8.3 Fazit

Agentic Predictive Intelligence im Vertrieb verspricht, aus Daten mehr Umsatz zu generieren und Vertriebsprozesse agiler zu steuern. Für Vertriebsentscheider bedeutet dies die Chance, ineffiziente Abläufe zu straffen und dem Vertriebsteam leistungsstarke Werkzeuge an die Hand zu geben. Wichtig ist, die Mensch-KI-Kollaboration in den Vordergrund zu stellen: Die KI übernimmt Analyse und Routine, der Mensch bringt Empathie, kreatives Verhandlungsgeschick und strategisches Denken ein. So kann eins plus eins drei ergeben – höhere Abschlussraten, zufriedenere Kunden und entlastete Mitarbeiter. Die bisherigen Erfahrungen deuten darauf hin, dass KI im Vertrieb besonders dann erfolgreich ist, wenn sie gut in bestehende Abläufe integriert wird und Vertrauen aufbaut. Dann wird aus dem anfänglichen Versprechen realer Mehrwert: effizientere Vertriebsprozesse, personalisierte Kundenansprache in großem Maßstab und am Ende ein Wachstumsschub, der im umkämpften Markt den Unterschied machen kann (Creatio 2025).

9 Agentic Predictive Intelligence im Kundenservice

Exzellenter Kundenservice zeichnet sich dadurch aus, Probleme der Kundschaft schnell und zufriedenstellend zu lösen – idealerweise bevor der Kunde überhaupt selbst aktiv werden muss. Genau hier kann Agentic Predictive Intelligence ansetzen. Durch prädiktive Analysen lassen sich häufige Anliegen oder drohende Unzufriedenheit frühzeitig erkennen, und agentische KI-Systeme können dann eigenständig passende Service-Maßnahmen einleiten. Das Spektrum reicht von Chatbots, die einfache Anfragen automatisiert beantworten, bis zu proaktiven Assistenten, die selbstständig auf potenzielle Probleme reagieren (SaM Solutions 2023). Kundenservice wandelt sich so vom rein reaktiven Helpdesk zu einer proaktiven Unterstützung, die Kunden positiv überrascht.

9.1 Anwendungsbeispiele im Kundenservice

- **Stimmungsanalyse und Beschwerdemanagement:** KI-Systeme können die Stimmung von Kunden in E-Mails, Chats oder Social-Media-Beiträgen analysieren. Bei negativer Entwicklung schlägt die Stunde der agentischen Komponente. Beispiel: Ein Agent erkennt, dass bei einem Kunden Abwanderungsgefahr besteht. Daraufhin leitet der KI-Agent automatisch eine Rückgewinnungsaktion ein – etwa einen Gutschein als Wiedergutmachung oder die Priorisierung der Anfrage für eine sofortige Bearbeitung durch einen erfahrenen Mitarbeiter. So können drohende Kündigungen verhindert werden, noch bevor der Kunde seinem Unmut Luft macht oder den Anbieter wechselt.

J. Forthmann, *Agentic Predictive Intelligence*, essentials,
https://doi.org/10.1007/978-3-658-51539-3_9

- **Proaktiver Support:** Die Kombination aus IoT-Daten und Predictive Intelligence ermöglicht völlig neue Service-Erlebnisse. Angenommen, ein Internetanbieter überwacht automatisiert die Verbindungsqualität seiner Kundenrouter. Erkennt das prädiktive Modell Auffälligkeiten, die auf einen baldigen Ausfall hindeuten, greift ein KI-Agent proaktiv ein: Er veranlasst zum Beispiel einen Neustart des Routers oder spielt ein Konfigurations-Update ein und informiert den Kunden per Nachricht: „Wir haben eine Unregelmäßigkeit in Ihrer Internetverbindung festgestellt und bereits behoben, noch bevor es zu einem Ausfall kommt. Ihr Kundenservice-Team“ (SaM Solutions 2023). Für den Kunden entsteht der Eindruck eines nahezu unsichtbaren Service, der Probleme löst, bevor sie überhaupt spürbar werden – ein enormes Plus an Zufriedenheit und Vertrauen.

9.2 Vorteile und Herausforderungen

Der Einsatz von Agentic Predictive Intelligence im Kundenservice bringt zahlreiche Vorteile. Kunden erhalten proaktiv Hilfe, das Anfrageaufkommen in Hotlines reduziert sich und die Weiterempfehlungsrate steigt aufgrund einer höheren Kundenzufriedenheit. Unternehmen profitieren von Kosteneinsparungen, da ein Gutteil des Anfragevolumens proaktiv abgefangen werden kann. Gleichzeitig erlaubt die KI-gestützte Personalisierung eine individuellere Betreuung: Der digitale Assistent kennt die Historie des Kunden und kann passgenau reagieren (zum Beispiel dem Stammkunden direkt ein Treueangebot machen). Nicht zuletzt erhöht proaktiver Service die Kundenbindung – Kunden fühlen sich wertgeschätzt, wenn Probleme gelöst werden, ohne dass sie selbst nachhaken mussten.

Den Herausforderungen sollte man sich jedoch bewusst sein. Eine zentrale Hürde ist die Grenze der Automatisierung: Nicht jedes Anliegen lässt sich sinnvoll automatisiert lösen. Komplexe oder emotionale Fälle erfordern weiterhin menschliche Empathie. Unternehmen müssen sicherstellen, dass der Übergang vom KI-Agenten zum menschlichen Mitarbeiter reibungslos und für den Kunden transparent erfolgt („Ich verbinde Sie mit einem Kollegen, der Ihnen weiterhelfen kann.“). Auch hier helfen Prädiktionen der Predictive Intelligence, indem die KI solche Bedarfe prognostiziert und den menschlichen Support hinzuzieht.

Ein weiteres Thema ist das Training der KI. Kundenservice-Systeme müssen mit aktuellen und umfassenden Informationen gefüttert werden – zum Beispiel Produktdetails, Handbücher, Richtlinien – und dieses Wissen stets aktuell halten. Nichts ist schlimmer, als wenn ein Agentic-Predicctive-Intelligence-System aufgrund veralteter Daten ungenaue Prognosen abgibt und nicht-optimale Aktionen auslöst. Deshalb braucht es Prozesse für kontinuierliches Lernen: Jede Interaktion sollte ausgewertet und das KI-System entsprechend angepasst werden.

> **Tipp** Führen Sie KI-gestützten Kundenservice schrittweise ein. Starten Sie mit einem klar abgrenzbaren Anwendungsfall (zum Beispiel die Prädiktion von abwandernden Kunden in einem Kundensegment mit automatischer Reaktion durch einen Agent) und sammeln Sie systematisch Feedback von Kunden und Mitarbeitern. Kommunizieren Sie offen, dass Sie neue Technologien einsetzen, um den Service zu verbessern, und ermutigen Sie Ihre Kunden zur Rückmeldung. Schulen Sie Ihr Support-Team im Umgang mit den KI-Tools, sodass Mensch und Agent Hand in Hand arbeiten. Ein wichtiger Erfolgsfaktor ist die laufende Erfolgsmessung: Metriken wie Erstlösungsquote, Kundenzufriedenheit (CSAT) und Kundenbindungsquote sollten vor und nach Einführung erhoben werden, um den Mehrwert transparent zu machen.

9.3 Fazit

Agentic Predictive Intelligence im Kundenservice ermöglicht einen Sprung nach vorn in der Servicequalität. Unternehmen können damit vom reaktiven Problemlöser zum proaktiven Kundenbegleiter werden. Für Entscheider eröffnet das die Chance, sich durch herausragenden Service vom Wettbewerb abzuheben – und zwar skalierbar, ohne dass die Servicekosten explodieren. Wichtig ist, die richtige Balance zu finden: KI dort einzusetzen, wo sie effizienter oder vorausschauend helfen kann, und gleichzeitig den menschlichen Faktor nicht zu vernachlässigen. Gelingt dies, entsteht ein hybrider Kundenservice, der das Beste aus beiden Welten vereint. Erste Erfahrungen zeigen: Zufriedene Kunden, die einen solchen Service erleben, bleiben dem Unternehmen länger treu und empfehlen es häufiger weiter – ein entscheidender Vorteil im Zeitalter hoher Kundenansprüche.

Agentic Predictive Intelligence in Kommunikation & Marketing 10

Die Kommunikation mit Kunden und die Steuerung von Marketingmaßnahmen gehören zu den Bereichen, die durch Agentic Predictive Intelligence besonders profitieren können. Marketing generiert heute enorme Datenmengen (von Web-Analytics über Medienmonitoring bis CRM-Daten), und zugleich erfordert der Wettbewerb immer individuellere, schneller angepasste Kampagnen. Hier setzen prädiktive und agentische Methoden an, um kundenindividuelle Ansprache in großem Maßstab und Echtzeit-Automation zu ermöglichen.

10.1 Potenziale im Marketing & in der Kommunikation

Im Marketing und in der Unternehmenskommunikation eröffnet der Einsatz von Agentic Predictive Intelligence große Potenziale:

- **Hyper-Personalisierung:** KI kann für jede Person individuell vorhersagen, welche Ansprache (Produkt, Botschaft, Kanal, Zeitpunkt) die höchste Erfolgswahrscheinlichkeit hat. Ein agentisches Marketing- oder Kommunikationssystem nutzt diese Prognosen, um personalisierte Inhalte automatisiert auszuspielen – weit über klassische Segmentierung hinaus. Jede Kundeninteraktion wird so einzigartig zugeschnitten. Unternehmen wie Amazon oder Netflix praktizieren in Ansätzen bereits solche personalisierten Empfehlungen; jedoch könnte eine voll agentische Lösung alle Marketing-Touchpoints personalisieren (E-Mail, Website, App, Call Center) ohne manuelle Kampagnenerstellung.

J. Forthmann, *Agentic Predictive Intelligence*, essentials,
https://doi.org/10.1007/978-3-658-51539-3_10

- **24/7 Kampagnen-Orchestrierung:** Ein Agentic AI-Marketer arbeitet rund um die Uhr. Er beobachtet in Echtzeit das Kundenverhalten (zum Beispiel Klicks, Käufe) und passt kontinuierlich die Marketingmaßnahmen aufgrund prognostizierter Reaktionsmuster der Kunden an. Wenn etwa nachts um 3 Uhr ein Trend ersichtlich wird – zum Beispiel viele Nutzer schauen gleichzeitig ein bestimmtes Produkt an –, kann das System sofort reagieren, etwa durch ein begrenztes Blitzangebot am frühen Morgen. Kein menschliches Team könnte mit dieser Geschwindigkeit und Verfügbarkeit agieren.
- **Automatisierte Entscheidungsfindung:** Typische Marketing-Entscheidungen – welches Budget auf welchen Kanal, welcher Content an welche Gruppe – werden von der KI auf Basis prognostizierter KPIs getroffen. Dadurch sinkt die Abhängigkeit von menschlicher Intuition. Der Agent lernt aus Erfolgen und Misserfolgen früherer Kampagnen. Unternehmen berichten von signifikant höherer Effizienz, wenn KI-Algorithmen A/B-Tests und Optimierungen übernehmen: So konnte ein autonomer Kampagnen-Agent bei einer Bank die Conversion-Rate von E-Mail-Kampagnen um zweistellige Prozentwerte steigern, indem er selbstständig Betreffzeilen testete, Zielgruppen klüger selektierte und die Versandzeitpunkte optimierte (Joseph 2025).
- **Reaktionsfähigkeit in der Kommunikation:** Im Bereich PR und Social Media kann ein agentisches System Trends oder Krisen vorausahnen und sofort entsprechende Maßnahmen einleiten. Beispiel: Eine prädiktive Sentiment-Analyse antizipiert früh negative Stimmung zu einem Produkt in sozialen Netzwerken. Der KI-Agent reagiert umgehend, etwa mit proaktiven Informations-Posts, automatisierten Antworten auf häufige Fragen oder dem Hochfahren von positivem Content, um gegenzusteuern – lange bevor ein menschliches Kommunikationsteam die Lage voll erfasst hat.

Kurz gesagt, das Potenzial liegt darin, Skalierung und Individualisierung gleichzeitig zu erreichen. Bisher waren Marketing- und Kommunikationsmaßnahmen entweder breit (für Millionen Empfänger, aber unpersonalisiert) oder personalisiert (einigermaßen individuell, aber nur manuell in kleinen Segmenten machbar). Predictive Agentic Marketing verspricht Mass Personalization: Jede der Millionen Kundenbeziehungen wird individuell betreut, jedoch automatisiert durch KI-Agenten (CleverTap 2025).

10.2 Datenanforderungen in Marketing und Kommunikation

Damit diese Potenziale realisiert werden, sind in Marketing und Kommunikation besonders umfangreiche und diverse Daten notwendig. Kundendaten stehen im Mittelpunkt: Medienanalysen, demografische Daten, Transaktionshistorie, Web-Traffic, Social-Media-Interaktionen, Support-Anfragen usw. Je holistischer das Kundenbild, desto besser können Vorhersagemodelle Muster erkennen (etwa welche Produktkombination ein Kunde wahrscheinlich als nächstes kauft). Zusätzlich fließen Kontextdaten ein, zum Beispiel Saisonalitäten, Wetter (Einfluss auf Kaufverhalten), regionale Trends oder Konkurrenzaktivitäten (Preise der Mitbewerber). Modernes Marketing nutzt zudem Daten aus Loyalty-Programmen, mobilen Apps, IoT-Geräten (z. B. Nutzungsdaten eines Produkts) – all das sollte in einer Customer Data Platform (CDP) zentral zusammenlaufen, um von der KI verarbeitet werden zu können.

Die Datenanforderung besteht nicht nur in der Breite, sondern auch in der Tiefe historischer Daten: Um zum Beispiel Kundenabwanderungen verlässlich vorherzusagen, benötigt das System genügend Beispiele aus der Vergangenheit von Kunden, die geblieben oder gegangen sind, inklusive aller relevanten Merkmale. Unternehmen müssen oft Daten-Silos aufbrechen (Marketing, Vertrieb, Service zusammenführen), um dem KI-Agenten eine 360°-Sicht auf den Kunden zu ermöglichen. Data Governance und Qualitätssicherung spielen ebenfalls eine große Rolle – falsche oder veraltete Kundendaten könnten zu völlig unpassenden, im schlimmsten Fall kontraproduktiven Aktionen führen (zum Beispiel ein Angebot an bereits verärgerte Kunden).

Eine besondere Herausforderung in Marketing und Kommunikation ist der Datenschutz. Personalisierung kollidiert schnell mit Privatsphäre. Hier müssen strikte Anonymisierungs- und Einwilligungskonzepte implementiert werden. Ein agentisches System sollte Regeln eingebaut haben, die zum Beispiel User, die keine Tracking-Einwilligung gegeben haben, nicht mit datengesteuerten personalisierten Maßnahmen anspricht. Ebenso sollte es sensibel mit geschützten Attributen umgehen (kein Mikrotargeting anhand sensibler persönlicher Merkmale, sofern rechtlich bedenklich). Die Einhaltung von DSGVO & Co. muss bereits im Design des Systems berücksichtigt werden (Privacy by Design).

Nicht zuletzt muss die Infrastruktur stimmen: Echtzeit-Datenströme aus Online-Systemen, möglicherweise Streaming-Plattformen (Kafka etc.) für Web-Events oder Medienberichterstattung, verbunden mit schneller Analytik (In-Memory-Datenbanken). Viele Unternehmen nutzen hier Cloud-Dienste, um Lastspitzen zu managen, wenn in kurzer Zeit Millionen Kundenaktionen zu verarbeiten sind. Die Architektur muss zudem bidirektional sein: Daten fließen aus allen Touchpoints zur KI, und der Agent muss in alle Kanäle zurückspielen können (E-Mail-Tools, Facebook/Google-Ads-APIs, Website-CMS, Call-Center-Software usw.). Diese Integration ist komplex, aber essenziell für ein nahtloses Kundenerlebnis über alle Kanäle hinweg.

10.3 Einsatzszenarien und Beispiele

Einige konkrete Szenarien illustrieren, wie Agentic Predictive Intelligence Marketing & Kommunikation verändert:

- **Autonome Kommunikationssteuerung:** Eine Kommunikationsabteilung versorgt durch Predictive Intelligence ihre Agents mit Prognosen, wie Kommunikationsmaßnahmen in der Zukunft wirken. Damit sind die Agents in der Lage, die optimale Botschaftenformulierung über die aussichtsreichsten Kanäle in der bestmöglichen Adaption des Contents auszuspielen.
- **Autonome Kampagnensteuerung:** Ein Online-Händler lässt einen KI-Agenten alle Newsletter-Kampagnen managen. Das System prognostiziert für jeden Empfänger die Wahrscheinlichkeit, auf verschiedene Produktangebote anzusprechen, generiert darauf basierend unterschiedliche Newsletter-Varianten (ggf. unter Einbeziehung generativer KI für Texte/Bilder) und versendet diese zum individuell optimalen Zeitpunkt. Im Anschluss überwacht der Agent die Öffnungs- und Klickraten, lernt daraus und passt die nächste Aussendung entsprechend an. Marketing-Mitarbeitende müssen hier nur noch das grobe Kampagnenziel vorgeben (zum Beispiel Abverkauf einer bestimmten Produktkategorie erhöhen); die operative Umsetzung übernimmt das System.
- **Real-time Bidding & Budget Allocation:** Im Online-Advertising (zum Beispiel Google Ads, Programmatic Advertising) analysieren prädiktive Modelle laufend die Performance von Anzeigen und sagen voraus, welche Gebotsstrategien oder Budgetverteilungen den höchsten ROI bringen. Ein agentischer KI-Assistent kann daraufhin eigenständig Budgets zwischen Kampagnen verschieben oder Gebote in Echtzeit anpassen. So wird gewährleistet, dass Werbegelder ständig optimal eingesetzt sind, ohne dass Menschen minutengenau eingreifen müssen.
- **Dynamische Preis- und Produktanpassung:** Im E-Commerce können KI-Modelle Nachfrageschwankungen vorhersagen (zum Beispiel plötzliche Trendartikel) und agentische Systeme automatisch darauf reagieren. Beispielsweise

könnte ein System automatisch Nachbestellungen auslösen und Lieferwege umplanen, sobald es einen Engpass in 2 Tagen vorhersieht – was die Resilienz der Lieferkette erhöht (Ojha 2025). Ebenso könnten Preise oder Rabattaktionen kurzfristig angepasst werden, wenn Prognosen ungewöhnliche Nachfrageanstiege oder -rückgänge signalisieren.

Diese Beispiele zeigen, wie Agentic Predictive Intelligence das Management von Kampagnen, Budgets und Kundeninteraktionen transformieren kann. Frühere Pilotprojekte deuten darauf hin, dass damit teils zweistellige Leistungssteigerungen erreichbar sind (zum Beispiel in Conversion Rates oder Effizienzkennzahlen). Gleichwohl erfordern solche Lösungen sorgfältiges Testing und Überwachung, da Fehler sich im großen Maßstab auswirken könnten. Erste Unternehmen berichten, dass der ROI auf Marketing- und Kommunikationsausgaben deutlich stieg, seit KI-Agenten einen Großteil der Bid-Optimierung und Personalisierung übernommen haben (SingleGrain 2023). Gleichzeitig zeigen frühe Erfahrungen, dass die menschlich-kreative Komponente weiterhin unersetzbar ist: Die besten Ergebnisse entstehen, wenn die KI und die Kreativ-Abteilung Hand in Hand arbeiten – die KI liefert datengestützte Entscheidungen und Automatisierung, der Mensch bringt Empathie, kreatives Konzept und strategische Weitsicht ein.

▶ **Tipp** Um agentische KI in Marketing und Kommunikation erfolgreich einzuführen, sollten Unternehmen zunächst begrenzte Anwendungsfälle pilotieren und ihre Teams aktiv einbinden. Schulungen zum Verständnis der KI-Entscheidungen und eine transparente Kommunikation über Ziele und Grenzen der Automatisierung erhöhen die Akzeptanz. So wird die KI nicht als Bedrohung, sondern als Team-Erweiterung verstanden.

11 Selbstoptimierende Kampagnen

Selbstoptimierende Kampagnen im Marketing und Kommunikation – angetrieben durch Predictive Intelligence – versprechen eine neue Ära datengetriebener Kommunikation. Dabei handelt es sich um Marketing- und Kommunikationskampagnen, die sich während ihrer Laufzeit automatisch anpassen und verbessern, gestützt auf Vorhersagemodelle und künstliche Intelligenz. Die Idee dahinter: Statt starrer Einheitskampagnen nutzen Unternehmen ihre Daten, um in Echtzeit mit Predictive Intelligence das Kundenverhalten zu antizipieren und Kampagnenelemente dynamisch mit Agentic AI zu optimieren. So sollen beispielsweise Zielgruppensegmente, Werbebotschaften oder Budgetverteilungen fortlaufend justiert werden, um bessere Ergebnisse zu erzielen (Davenport et al. 2020). Für Führungskräfte in Kommunikations- und Marketingabteilungen bedeutet das einen Paradigmenwechsel – weg von einmalig aufgesetzten Kampagnen hin zu lernenden, anpassungsfähigen Kommunikationsmaßnahmen, die aus jedem Kundenkontakt dazulernen.

Predictive Intelligence bildet das Fundament dieser Entwicklung. In Kommunikations- und Marketingabteilungen zeigen sich bereits vielfältige Einsatzfelder von Predictive Intelligence. Im B2B-Marketing fließen prädiktive Datenanalysen etwa in die Planung von Events, Content-Marketing-Maßnahmen und Kampagnen ein, um Erfolgschancen im Vorfeld besser abzuschätzen (Seebacher 2020). Marketingverantwortliche nutzen die gewonnenen Erkenntnisse beispielsweise, um Messebeteiligungen oder Medienkooperationen datenbasiert zu bewerten und auszuwählen (Seebacher 2020). In der Kundenkommunikation – insbesondere im B2C-Marketing – ermöglicht Predictive Intelligence eine personalisierte Ansprache: Auf Basis von Kundensegmentierungen und prognostizierten Interessen kön-

J. Forthmann, *Agentic Predictive Intelligence*, essentials,
https://doi.org/10.1007/978-3-658-51539-3_11

nen Inhalte individuell ausgeliefert werden, sei es durch personalisierte E-Mails, spezifische Produktempfehlungen im Onlineshop oder zielgruppenspezifische Anzeigen. In klassischen Marketingkampagnen – etwa im E-Mail-Marketing oder bei Online-Werbeanzeigen – kommen prädiktive Modelle zum Einsatz, um für jeden Empfänger die optimale Botschaft und den richtigen Zeitpunkt zu ermitteln. Unternehmen können so proaktiv auf Kundenbedürfnisse eingehen, noch bevor die Kundschaft diese selbst artikuliert hat.

Vor diesem Hintergrund entsteht das Konzept der selbstoptimierenden Kampagne. Darunter versteht man Kampagnen, die kontinuierlich ihre Steuerung anpassen, um ein definiertes Ziel (wie zum Beispiel höhere Conversion-Rates oder gesteigerte Kundenbindung) bestmöglich zu erreichen. Eine solche Kampagne nutzt laufend die Erkenntnisse aus Predictive-Intelligence-Modellen: Algorithmen analysieren permanent die neuesten Reaktionen der Zielgruppe und vergleichen sie mit Prognosen. Weichen Ist-Ergebnisse vom Soll oder den erwarteten Werten ab, justiert das System automatisch relevante Parameter der Kampagne. Diese Anpassungen können vielfältig sein – etwa die Auswahl der angesprochenen Teil-Zielgruppe, die Variation der Werbemittel oder Inhalte, die Häufigkeit der Kontaktaufnahmen oder die Verteilung des Budgets auf verschiedene Kanäle. Wichtig ist, dass diese Optimierungsschleifen in sehr kurzen Abständen oder sogar in Echtzeit erfolgen, ohne dass menschliches Eingreifen jeden einzelnen Schritt anstoßen muss. In der Praxis existieren bereits Marketing-Automation-Tools, die dieses Prinzip verfolgen.

Es ist anzumerken, dass der Begriff „selbstoptimierende Kampagnen" in der wissenschaftlichen Literatur bislang kaum etabliert ist. Vielmehr handelt es sich um ein Konzept aus der Marketingpraxis, das vor allem durch Technologieanbieter geprägt wurde (Pegasystems 2018). Akademische Publikationen diskutieren zwar Teilaspekte der automatischen Kampagnenanpassung – etwa Echtzeit-Bietverfahren in der Online-Werbung oder personalisierte Empfehlungssysteme –, jedoch existiert noch keine einheitliche theoretische Definition dieses Begriffs. Dies deutet darauf hin, dass wir es mit einem emergenten Trend zu tun haben, dessen genaue Ausprägungen sich in der Praxis noch entwickeln. Führungskräfte sollten sich also bewusst sein, dass viele Erkenntnisse derzeit aus Pilotprojekten und unternehmensspezifischen Implementierungen stammen. Dennoch zeigen erste Erfolge im Feld eindrücklich, welches Potenzial in selbstoptimierenden Kampagnen steckt.

Ein Blick auf praxisnahe Beispiele verdeutlicht den Nutzen dieser Ansätze. Ein oft zitiertes Beispiel ist Starbucks: Die internationale Kaffeehauskette nutzt eine KI-Plattform namens „Deep Brew", um ihr Kundenbindungsprogramm und Marketing zu personalisieren. Über die mobile Starbucks-App werden millionenfach Kundendaten gesammelt – von Kaufhistorien über bevorzugte Getränke bis zur

Tageszeit des Einkaufs. Diese Daten füttern prädiktive Modelle, die für jeden Nutzer individuell prognostizieren, welches Angebot oder welche Empfehlung wahrscheinlich am besten ankommt. Auf dieser Basis verschickt Starbucks automatisiert personalisierte Angebote, beispielsweise Gutscheine für ein Getränk, von dem das System annimmt, dass es dem Kunden schmecken wird (Kotorchevikj 2021). Die Resultate sind überzeugend: Die Ansprache fühlt sich für Kundinnen und Kunden maßgeschneidert an, was Interaktion und Loyalität merklich erhöht (Kotorchevikj 2021). Starbucks gelingt es so, mittels Predictive Intelligence seine Marketingkampagnen quasi selbstoptimierend zu gestalten – jeder App-Nutzer bekommt die für ihn passenden Impulse zur richtigen Zeit, ohne dass Marketingmanager manuell eingreifen müssten. Ähnliche Personalisierungsstrategien setzen auch große E-Commerce-Unternehmen ein: Amazon zum Beispiel prognostiziert anhand früherer Käufe und betrachteter Produkte, welche Artikel ein Kunde als Nächstes interessant finden könnte, und passt die Produktempfehlungen auf der Website in Echtzeit entsprechend an. Diese „Always-on"-Kampagnen laufen kontinuierlich und justieren sich mit jedem neuen Datenpunkt selbst.

Auch im Bereich der Online-Werbung sind selbstoptimierende Mechanismen längst Standard. Beim Programmatic Advertising – dem automatisierten Echtzeit-Einkauf von Werbeflächen – entscheiden KI-gesteuerte Algorithmen in Millisekunden, welche Anzeige einem Nutzer gezeigt wird und welches Gebot den Zuschlag erhält. Diese Algorithmen lernen fortlaufend aus den Ergebnissen: Klickt ein bestimmter Nutzertyp besonders häufig auf eine bestimmte Anzeigengestaltung, wird diese Kombination bevorzugt erneut ausgespielt; liefern einzelne Werbekanäle oder Zielgruppen unterdurchschnittliche Konversionsraten, fließt künftig weniger Budget dorthin. Die Kampagne optimiert sich somit selbst, indem sie basierend auf Vorhersagen und Live-Daten den Mitteleinsatz ständig neu austariert. Für Marketing- und Kommunikationsabteilungen großer Unternehmen hat dies enorme Vorteile: Effizienzgewinne und Leistungssteigerungen, die manuell kaum erreichbar wären. Eine aktuelle Analyse von McKinsey kommt zu dem Schluss, dass breitflächiger KI-Einsatz im Marketing zu Kosteneinsparungen von 20–40 % führen kann, bei zugleich um bis zu 40 % steigenden Konversionsraten (Hürtgen et al. 2025). Diese Zahlen unterstreichen aus strategischer Sicht, welch erheblichen Mehrwert selbstoptimierende Kampagnen bieten können – gerade für große Unternehmen mit entsprechend hohem Marketingvolumen.

Trotz aller Erfolgsgeschichten darf man die Herausforderungen nicht übersehen. Der Weg zu selbstoptimierenden Kampagnen erfordert zunächst eine solide Datenbasis und die richtige technologische Infrastruktur. Große Unternehmen sind hier oft im Vorteil, da sie über umfangreiche Kundendaten und Budgets für KI-Initiativen verfügen. Allerdings betont die Praxis, dass auch kleinere Organisationen von vorhandenen Daten profitieren können – Größe allein ist keine Voraussetzung (Seebacher 2020). Wichtig ist vielmehr, dass die verfügbaren Datenquellen identifiziert und zugänglich gemacht werden. Zudem muss die Organisation bereit sein, Entscheidungen teilweise an Algorithmen abzugeben. Hier spielen Veränderungsmanagement und Vertrauen in die KI eine Rolle: Mitarbeitende und Entscheider müssen die Modelle verstehen und akzeptieren, um die selbstoptimierten Aktionen der Agentic Predictive Intelligence umzusetzen. Experten raten, schrittweise vorzugehen und erste Quick-Wins zu realisieren, um Akzeptanz aufzubauen (Seebacher 2020). Ebenfalls wichtig sind Datenschutz und ethische Überlegungen: Personalisierte Kampagnen dürfen die Privatsphäre der Kunden nicht verletzen, und die zugrunde liegenden Modelle sollten frei von Verzerrungen oder Diskriminierungen sein (Davenport et al. 2020). Hier ist strategisches Fingerspitzengefühl der Führungskräfte gefragt, um Innovation und Verantwortung in Einklang zu bringen.

11.1 Fazit und Ausblick

Selbstoptimierende Kampagnen mit Agentic Predictive Intelligence markieren einen bedeutenden Wandel in Kommunikation und Marketing. Kampagnen werden von einmaligen Aktionen zu kontinuierlichen Lernprozessen, in denen jede Kundeninteraktion die nächste Maßnahme verbessert. Für Unternehmen – insbesondere große Player mit millionenfachen Kundendatenpunkten – eröffnet dies die Chance, in beispielloser Weise relevant, schnell und effizient mit ihren Zielgruppen zu kommunizieren. Die Praxisbeispiele von Starbucks & Co. zeigen, dass dieser Ansatz keine theoretische Vision mehr ist, sondern bereits messbare Wettbewerbsvorteile bringen kann. Führungskräfte sollten diese Entwicklung inspirierend und strategisch verstehen: Jetzt ist die Zeit, die Weichen für datengetriebene, selbstlernende Marketingkampagnen zu stellen. Wer frühzeitig in Agentic-Predictive-Intelligence-Kompetenzen, geeignete Technologien und eine datengetriebene Kultur investiert, kann seine Kommunikationsmaßnahmen automatisch an Marktdynamik und Kundenwünsche anpassen – und so dem Wettbewerb stets einen Schritt voraus sein.

12 Zusammenfassung und Fazit

Agentic Predictive Intelligence verbindet die vorausschauende Analytik von Daten mit der autonomen Handlungskompetenz von KI-Agenten. In diesem Essential wurden zunächst die beiden Bestandteile separat beleuchtet: Predictive Intelligence ermöglicht es Unternehmen, auf Basis historischer Muster fundierte Vorhersagen über zukünftige Ereignisse zu treffen und optimale Handlungsempfehlungen zu erhalten– ein Ansatz, der bereits in vielen Bereichen wie Vertrieb, Wartung oder Finanzen Mehrwert schafft. Agentic AI wiederum verkörpert eine neue Generation von KI-Systemen, die eigenständig Entscheidungen fällen und umsetzen können, was Arbeitsabläufe grundlegend verändern kann. Beide Ansätze für sich genommen bieten schon Potenzial; ihre Kombination jedoch – die hier als Agentic Predictive Intelligence vorgestellt wurde – verspricht einen qualitativen Sprung: KI-Systeme, die nicht nur denken, sondern auch handeln.

Der Reiz dieses Konzepts liegt auf der Hand: Entscheidungen könnten in Zukunft nahezu in Echtzeit getroffen und ausgeführt werden. Das Feedback aus den umgesetzten Aktionen fließt sofort zurück in die Modelle, wodurch ein sich selbstverbessernder Kreislauf entsteht. Unternehmen würden dadurch deutlich agiler und effizienter operieren.

Bei aller Euphorie muss jedoch betont werden, dass Agentic Predictive Intelligence kein Selbstläufer ist. Herausforderungen bestehen auf mehreren Ebenen: Technisch ist die Integration komplex; es bedarf robusten Datenmanagements, exzellenter Algorithmen und einer sicheren Softwarearchitektur. Organisatorisch müssen Prozesse und Menschen mitgenommen werden – die Einführung solcher Systeme erfordert Kulturwandel, neue Fähigkeiten im Team und oft auch Anpassungen in der Organisationsstruktur. Nicht zuletzt sind ethische und regulatori-

J. Forthmann, *Agentic Predictive Intelligence*, essentials,
https://doi.org/10.1007/978-3-658-51539-3_12

sche Fragen zu beachten: Wo liegen die Grenzen autonomen Handelns? Wie stellt man Verantwortlichkeit sicher, wenn eine Maschine Entscheidungen trifft? Hier sind klare Rahmenwerke zur KI-Governance unabdingbar. Erste Unternehmen machen die Erfahrung, dass ohne begleitende Kontrollmechanismen und klare Verantwortlichkeiten Projekte scheitern oder ins Stocken geraten (Yee et al. 2025). Einige mussten sogar zurückrudern und temporär wieder Menschen einsetzen, wo Agenten unerwartete Probleme bereiteten (Yee et al. 2025).

Dennoch zeigen die aufgeführten Fallbeispiele, Studien und Pilotprojekte, dass der Ansatz im Kern tragfähig ist. Wichtig: Ein schrittweises, kontrolliertes Vorgehen – beginnend mit begrenzten Einsatzszenarien, intensiver Überwachung und fortlaufendem Feintuning – ist entscheidend, damit Predictive-Agentic-Systeme langsam „reifen" dürfen und parallel das Vertrauen der Anwender wächst. Menschliche Expertise bleibt unentbehrlich – sie verschiebt sich nur zu strategischeren Aufgaben. Die KI wird zur Assistentin und Ausführenden, der Mensch zum Supervisor und Ideengeber. Idealerweise entsteht eine Ko-Kreation von Mensch und KI, in der jeder seine Stärken einbringt.

Zukünftig könnten wir Unternehmen erleben, in denen routinemäßige Entscheidungen vollständig KI-getrieben ablaufen. In diesem „Augmented Management"-Szenario behalten Menschen den Überblick und definieren Ziele, während KI-Agenten viele operative Entscheidungen und Handlungen selbst ausführen. Erste Vorboten davon sieht man etwa in der Finanzbranche mit algorithmischem Handel oder im E-Commerce mit KI-optimierten Pricing-Strategien. Multi-Agenten-Systeme könnten als eine Art digitales Team fungieren – Gartner spricht hier vom Konzept der „autonomous enterprise".

Für Unternehmensentscheider lautet das Fazit: Agentic Predictive Intelligence ist eine große Chance, Geschäftsprozesse zu transformieren und Wettbewerbsvorteile zu sichern. Die Technologie steht bereit bzw. entwickelt sich rasant – jetzt gilt es, sie mit Bedacht einzusetzen. Pilotprojekte in wichtigen Anwendungsbereichen können wertvolle Erkenntnisse liefern. Investitionen in Dateninfrastruktur und Mitarbeiterkompetenzen sind notwendige Vorbereitungsschritte. Ebenso sollten klare Leitplanken für die KI definiert werden (ethisch und strategisch), damit sie im Sinne der Unternehmenswerte agiert.

Kurzfristig werden wohl hybride Modelle dominieren. Doch mit zunehmender Reife könnten wir in einigen Jahren vollautonome Teilsysteme in Unternehmen sehen. Entscheidend wird sein, Vertrauen aufzubauen – durch Transparenz, Zuverlässigkeit und nachweisliche Erfolge. Gelingt dies, so könnte Agentic Predictive Intelligence das Versprechen der KI, aus Daten direkt Wert zu schöpfen, endlich in breiter Front einlösen. Die Essentials für Entscheider lauten daher: frühzeitig Erfahrungen sammeln, kritisch begleiten und den Menschen stets als finalen Entscheider in der Schleife behalten – zumindest so lange, bis die „digitale Belegschaft“ ihre Reife unter Beweis gestellt hat.

Was Sie aus diesem *essential* mitnehmen können

- **Ganzheitliches KI-Konzept:** Agentic Predictive Intelligence vereint datengetriebene Prognosen mit autonomen Aktionen – Entscheider verstehen nun, wie Analytics und Agenten zusammenwirken und einen Closed-Loop bilden.
- **Potenzielle Vorteile:** Echtzeit-Entscheidungen, höhere Agilität und Effizienz, proaktive Problemvermeidung und Mass Personalization können durch diesen Ansatz erreicht werden.
- **Herausforderungen erkennen:** Integration, Datenqualität, organisatorischer Wandel sowie ethische und regulatorische Fragen sind kritische Erfolgsfaktoren, die von Anfang an berücksichtigt werden müssen.
- **Best Practices:** Einführungsstrategie in kleinen Schritten (Pilotprojekte), Human-in-the-Loop behalten, umfassende Schulungen und Governance sind essenziell, um Vertrauen in KI-Agenten aufzubauen.
- **Mensch-KI-Zusammenspiel:** Die Rolle des Menschen wandelt sich vom Operateur zum überwachenden Strategen – wenn KI und Mitarbeitende ihre Stärken kombinieren, lassen sich optimale Ergebnisse erzielen.

J. Forthmann, *Agentic Predictive Intelligence*, essentials,
https://doi.org/10.1007/978-3-658-51539-3

Literatur

Atsmon, Y. (2023, 11. Januar). *Artificial intelligence in strategy – Inside the Strategy Room* (podcast transcript). McKinsey & Company. Zugegriffen am 27. November 2025 von https://www.mckinsey.com

Awad, N., Serry, M., & Vasquez, J. (2025, 13. Oktober). *How agentic AI is transforming enterprise platforms*. Boston Consulting Group. Zugegriffen am 27. November 2025 von https://www.bcg.com/publications/2025/how-agentic-ai-is-transforming-enterprise-platforms

Creatio. (2025, 24. Oktober). *AI for Sales: Everything You Need to Know in 2025*. Creatio Blog. Zugegriffen am 27. November 2025 von https://creatio.com

Davenport, T., Guha, A., Grewal, D., & Bressgott, T. (2020). How artificial intelligence will change the future of marketing. *Journal of the Academy of Marketing Science, 48*(1), 24–42. https://doi.org/10.1007/s11747-019-00696-0

Deloitte. (2023). *Global Contact Center Survey 2023: How AI is Transforming Customer Service*. Deloitte Insights. Zugegriffen am 27. November 2025 von https://www2.deloitte.com

Ferber, J. (1999). *Multi-Agent Systems: An Introduction to Distributed Artificial Intelligence*. Addison-Wesley.

Gartner. (2023). *Top Strategic Technology Trends – Hyperautomation and AI in Support*. Gartner Research. Zugegriffen am 27. November 2025 von https://www.gartner.com

Google Cloud. (2023). Was ist eine agentische KI? Definition und Unterscheidungsmerkmale. Google Cloud Blog. Zugegriffen am 27. November 2025 von https://cloud.google.com

Gopalakrishnan, S. (2025, 13. Juni). *Top AI Agent Use Cases in Insurance & E-Commerce (2025)*. VLink Blog. Zugegriffen am 27. November 2025 von https://www.vlinkinfo.com

Harvard Business Review. (2016, 20. Juni). *Why salespeople need to develop "machine intelligence"* (Blog-Beitrag von McKinsey). Zugegriffen am 27. November 2025 von https://hbr.org

J. Forthmann, *Agentic Predictive Intelligence*, essentials,
https://doi.org/10.1007/978-3-658-51539-3

Hürtgen, H., Li, R., & Kerkhoff, S. (2025, 10. Januar). *Turbo für die Kreativität – Booster für die Effizienz: KI im Marketing*. McKinsey & Company. Zugegriffen am 27. November 2025 von https://www.mckinsey.com/de/branchen/konsumguter-handel/akzente/akzente-2-2024/2024-2-ki-marketing

IBM. (2023). *AI in Customer Service – Impact and Trends*. IBM Whitepaper. Zugegriffen am 27. November 2025 von https://www.ibm.com

SaM Solutions. (2023, 15. Juli). *AI Agents for Customer Service: Benefits, Use Cases, Best Practices*. SaM Solutions Blog. Zugegriffen am 27. November 2025 von https://www.sam-solutions.com

IBM Think – Stryker, C. (2023). *Was ist agentische KI?* IBM Think Blog. Zugegriffen am 27. November 2025 von https://www.ibm.com/thought-leadership

JAGGAER. (2025, 21. August). *Agentic AI in procurement: The complete guide*. JAGGAER Blog. Zugegriffen am 27. November 2025 von https://www.jaggaer.com/blog/agentic-ai-in-procurement-complete-guide

Joseph, J. (2025, 8. Oktober). *What is Agentic AI? How Autonomous Systems Are Redefining Marketing*. CleverTap Blog. Zugegriffen am 27. November 2025 von https://clevertap.com

Khoury, J., Martines, D., Freese, C., Eckel, J., Gupta, M., & Najjar, L. (2025, 4. September). *Insurance Leads in AI Adoption. Now It's Time to Scale*. Boston Consulting Group. Zugegriffen am 27. November 2025 von https://www.bcg.com

Kotler, P., Kartajaya, H., & Setiawan, I. (2021). *Marketing 5.0: Technology for Humanity*. Wiley.

Kotorchevikj, I. (2021, 30. Juni). *Deep Brew: Transforming Starbucks into a data-driven company*. Hyperight. Zugegriffen am 27. November 2025 von https://hyperight.com

Musani, P. (2023, 25. Oktober). *How Walmart's AI-powered inventory system brightens the holidays*. Walmart Global Tech Blog. Zugegriffen am 27. November 2025 von https://walmart.com

Ojha, A. (2025). *Agentic AI for Predictive Fulfillment and Supply Chain Agility. International Journal of Research and Analytical Reviews, 12*(3).

Pegasystems. (2018, 4. Juni). *Pega paves path to one-to-one marketing with launch of self-optimizing campaigns* [Press Release]. Zugegriffen am 27. November 2025 von https://www.pega.com

Peters, D. (2025, 1. Oktober). *Predictive analytics for product managers in 2025 and beyond*. Productside. Zugegriffen am 27. November 2025 von https://productside.com/predictive-analytics-for-product-managers/

Productboard. (2025). *AI agents in product operations*. Zugegriffen am 27. November 2025 von https://www.productboard.com/blog/the-power-of-ai-agents-in-product-operations-workflows/

PwC. (2025). *How AI agents help drive a new finance operating model*. PwC Tech Effect. Zugegriffen am 27. November 2025 von https://www.pwc.com/us/en/tech-effect/ai-analytics/ai-agents-for-finance.html

Russell, S., & Norvig, P. (2021). *Artificial Intelligence: A Modern Approach* (4th ed.). Pearson.

SafeBooks. (2025). *Agentic AI for finance and accounting: The CFO's guide to autonomous finance*. SafeBooks Resources. Zugegriffen am 27. November 2025 von https://safebooks.ai/resources/financial-data-governance/agentic-ai-for-finance-and-accounting-the-cfos-guide-to-autonomous-finance/

Salesforce. (2025). *What is Agentic AI?* Salesforce Agentforce Blog. Zugegriffen am 27. November 2025 von https://www.salesforce.com

Sapkota, R., Roumeliotis, K. I., & Karkee, M. (2025). AI Agents vs. Agentic AI: A Conceptual Taxonomy, Applications and Challenges. *arXiv:2505.10468* [Preprint].

Seebacher, U. G. (2020, 8. April). *Marketing der Zukunft – kennen Sie schon Predictive Intelligence?* marconomy. Zugegriffen am 27. November 2025 von https://www.marconomy.de

Siebert, J. (2025, 30. Juni). *Agentic AI – Multi-Agenten-Systeme im Zeitalter generativer KI.* Fraunhofer IESE Blog. Zugegriffen am 27. November 2025 von https://www.iese.fraunhofer.de

SingleGrain. (2023). *How Agentic AI Is Revolutionizing Digital Marketing*. SingleGrain Blog. Zugegriffen am 27. November 2025 von https://www.singlegrain.com

Sparkling Logic. (2025, 7. August). *Decisioning agents: Guide to AI-powered decision-making*. Sparkling Logic Blog. Zugegriffen am 27. November 2025 von https://www.sparklinglogic.com/decisioning-agents-guide-to-ai-powered-decision-making/

Teksystems. (2025). *4 Best Practices for Robust Agentic AI Governance.* Teksystems Insights. Zugegriffen am 27. November 2025 von https://www.teksystems.com

Thomson Reuters. (2025, 25. August). *Agentic AI Workflows: Strategies for Risk Management and Fraud Investigations.* Thomson Reuters Legal Blog. Zugegriffen am 27. November 2025 von https://www.thomsonreuters.com

TQA Solutions. (2025, 6. Mai). *How AI predictive analytics drives scalable enterprise resilience.* TQA Industry Blog. Zugegriffen am 27. November 2025 von https://tqasolutions.com/2025/05/06/ai-predictive-analytics-enterprise-resilience/

Tredence. (2025, 5. September). *The Next Evolution of Predictive Analytics with Agentic AI.* Tredence Blog. Zugegriffen am 27. November 2025 von https://www.tredence.com

Verhagen, A., Luget, A., Conjeaud, O., & Stergiou, V. (2025, 7. August). *How agentic AI can change the way banks fight financial crime*. McKinsey & Company. Zugegriffen am 27. November 2025 von https://www.mckinsey.com

Witherspoon, A. (2021). *What is Predictive Analytics?* Salesforce Blog. Zugegriffen am 27. November 2025 von https://www.salesforce.com

Yee, L., Chui, M., Roberts, R., & Xu, S. (2025, 12. September). *One year of agentic AI: Six lessons from the people doing the work*. McKinsey Insights. Zugegriffen am 27. November 2025 von https://www.mckinsey.com

Zeitfracht Medien GmbH
Ferdinand-Jühlke-Straße 7
99095 Erfurt, Deutschland
produktsicherheit@kolibri360.de